영성 수업

SPIRITUAL DIRECTION:
Wisdom for the Long Walk of Faith

영성 수업

지은이 | 헨리 나우웬
옮긴이 | 윤종석
초판발행 | 2007. 12. 4.
41쇄 발행 | 2024. 4. 1
등록번호 | 제3-203호
등록된 곳 | 서울시 용산구 서빙고동 95번지
발행처 | 사단법인 두란노서원
영업부 | 2078-3333 FAX 080-749-3705
출판부 | 2078-3444

▮책값은 뒤표지에 있습니다.
ISBN 978-89-531-0916-2 03230

▮독자의 의견을 기다립니다.
tpress@duranno.com   http://www.duranno.com

두란노서원은 사도행전19장 8-20절의 정신에 따라 첫째 목회자를 돕는 사역과 평신도를 훈
련시키는 사역, 둘째 세계선교(TIM)와 문서선교(단행본·잡지) 사역, 셋째 예수문화와 경배와
찬양사역, 그리고 가정·상담 사역 등을 감당하고 있습니다. 1980년 12월 22일에 창립된 두
란노서원은 주님 오실 때까지 이 사역들을 계속할 것입니다.

Spiritual Direction

영성 수업

헨리 나우웬 지음 ｜ 윤종석 옮김

두란노

*
이 책은 헨리 나우웬의 '영성 수업'을 직접 들은 두 제자의
실제 노트를 바탕으로 출간되었습니다.

영적인 삶은 감사의 삶이다

헨리 나우웬

차 례

영성 수업을 위한 훈련들

영성 수업의 여정을 함께 떠나기에 앞서, 당신의 삶에 하나님을 위한 공간을 마련할 것을 권하고 싶다. 그러려면 시간과 헌신이 필요하다. 영성 수업에 헌신하면 영적 우정의 기회가 생기고, 당신의 삶 속에 하나님이 활동하실 수 있는 신성한 공간을 마련할 수 있는 시간과 틀과 지혜와 훈련이 주어진다. 신성한 공간을 마련함으로써 당신은 자신의 일부를 남겨두는 것이며, 당신의 삶이 완전히 꽉 차거나 쟁여지거나 선점되지 않도록 막는 것이다.

영성 수업은 당신의 삶이라는 집에 '주소'를 부여하고, 그리하여 기도 중에 하나님이 당신을 부르실 수 있게 된다. 그렇게 되면 당신의 삶은 스스로 계획하거나 의지하지 않았던 방식들로 변화되기 시작하는데, 이는 하나님이 뜻밖의 놀라운 방식들로 일하시기 때문이다.

영성 수업의 목표는 영성 개발, 즉 마음으로부터 영적인 삶을 살아가는 역량이 점점 커가는 것이다. 영적인 삶은 훈련, 실천, 상호 책임 없이 개발될 수 없다. 영적 훈련에는 많은 것들이 있다. 삶의 속도를 늦추고 이기심, 충동, 성급하고 흐릿한 사고에 대항하여 우리의 시간과 욕망과 생각을 다스리도록 우리에게 꾸준히 주문하는 것이라면 무엇이든 영적 훈련이 될 수 있다.

내 경우, 최소한 세 가지 고전적 훈련 또는 영적 실천이 영성 수업에 특히 유익하다. 모두 우리 안에 하나님을 위한 공간을 마련하는 데 도움이 될 수 있는 것들로서 첫째, 마음의 훈련, 둘째, 책의 훈련, 셋째, 교회 내지 신앙 공동체의 훈련이다. 이 영적 실천들을 함께 병행하면, 명상적 경청과 하나님께 적극 순종하는 삶에 대한 우리의 저항을 물리치는 데 도움이 되며, 자유롭게 영적인 삶을 구현하고 실현할 수 있게 된다.[1]

자신의 마음을 들여다보라

모든 영성 지도자가 누구에게나 추구하도록 요구해야 하는 첫 번째이자 가장 본질적인 영적 실천은 마음의 훈련이다.[2] 내성內省과 명상

기도는 예로부터 있어온 훈련이다. 그것을 통하여 우리는 비로소 마음 속에 계신 하나님을 보게 된다. 내면의 기도는 우리 존재의 한가운데에 거하시는 그분께 집중하여 귀 기울이는 것이다. 기도를 통하여 우리는 내 안에 계신 하나님께 눈뜨게 된다. 기도를 실천할 때 하나님을 내 맥박과 호흡 속으로, 생각과 감정 속으로, 청각과 시각과 촉각과 미각 속으로, 내 몸의 모든 세포막 속으로 받아들이는 것이다. 이렇게 내 안에 계신 하나님께 눈뜰 때 비로소 주변 세상에 계신 하나님도 점점 더 볼 수 있다.

기도란 단지 마음을 듣는 것만이 아니라 마음으로 듣는 것임을 마음의 훈련을 통해서 깨닫는다. 기도는 우리를 모든 존재와 모든 소유로 하나님의 임재 안에 서게 해준다. 두려움과 불안, 죄책감과 수치심, 성적 공상, 탐욕과 분노, 기쁨, 성공, 동경과 희망, 묵상, 꿈과 정신적 방황, 무엇보다 우리의 가족들, 친구들, 원수들, 한마디로 나를 나 되게 하는 모든 것으로 그 앞에 서게 한다. 이 모든 것으로 우리는 하나님의 음성을 들어야 하며, 그분이 내 존재의 구석구석에서 말씀하시게 해드려야 한다.

내 존재의 구석구석에는 물론 물리적인 몸도 포함된다. 사실 '마음'이란 순전히 정신적인 기관이 아니라 우리의 영과 혼과 몸이 자아의 연합으로 함께 만나는 우리 안의 은밀한 지점이다. 몸과 분리된 정신적인 마음이란 존재하지 않는다. 우리는 마음과 목숨과 뜻과 힘을 다하여 하나님과 이웃을 사랑하도록 부름 받았다(눅 10:27).

그런데 우리는 너무 두렵고 불안해서, 그렇게 하기가 아주 어렵다.

우리는 계속 하나님과 다른 사람들에게 자신을 감춘다. 우리는 자신의 모습 중 비교적 편안하게 느껴지는 부분과 긍정적 반응이 나오리라 생각되는 부분만 하나님과 다른 사람들에게 보이는 경향이 있다. 그래서 우리의 기도 생활은 아주 선택적이고 좁아진다. 마음의 훈련이 일정한 지도를 요구함은 분명하다. 그래야 두려움을 극복하고, 신앙을 심화시키고, 내게 하나님이 어떤 분이지 더 깊이 깨달을 수 있다. 영성 지도자가 던져야 할 전형적인 질문은 이런 것들이다.

당신의 기도 생활은 어떤가? 당신의 삶 속에 하나님이 말씀하실 수 있는 공간을 어떻게 마련하고 있는가?

책 속에서 하나님을 보라

영성 수업에 본질이 되는 두 번째 훈련은 책의 훈련이다. 신성한 독서를 통하여 하나님을 보는 것이다.[3]

정말로 영적인 삶을 사는 데 헌신하고자 마음 먹었다면 우리는 성경을 통하여 오는 하나님의 말씀을 매우 개인적이고 친밀한 방식으로 들어야 한다. 책의 훈련이란 기도로 이어질 신성한 본문을 경건하게 읽고 묵상하는 훈련이다. 묵상이란 말씀이 우리의 머리에서 가슴으로 내려가서 육화되게 한다는 뜻이다. 묵상이란 말씀을 먹고 소화하여 우리 삶 속에 구체적으로 통합한다는 뜻이다. 묵상의 훈련을 통하여 하나님의 말씀은 나를 위한 말씀이 되어 내 존재의 중심에 닻을 내릴 뿐 아니라 내 행동의 원천이 된다. 이런 면에서 묵상은 우리의 세상을 향한 하나님의 지속적인 성육신이다.

책의 훈련은 우리를 내면의 참된 순종의 길로 이끌어간다. 성경 묵상의 꾸준한 실천을 통하여 우리는 자신의 가장 내밀한 필요와 소원에 대해 직접 말하는 하나님의 말씀을 식별할 줄 아는 내면의 귀를 기르게 된다. 우리가 어떤 문장이나 이야기나 비유를 듣되 단순히 교훈이나 정보나 영감을 얻기 위해서가 아니라 참으로 순종하는 사람으로 빚어지기 위해서 듣는다면, 바로 그때 성경책은 우리에게 신뢰할 만한 영적 통찰을 가져다준다.

신성한 독서를 장기간 날마다 실천하면 우리의 정체성, 행동, 공동의 신앙생활이 변화된다. 성숙한 영성 지도자는 우리와 하나님 말씀과의 만남이 솔직하고 꾸준하도록 도와주며, 공동체적 해석의 시각을 더해 준다. 물론 성경에는 우리를 위한 개인적인 말씀이 있지만, 역사적인 기독교의 가르침을 알면 나 자신의 의도를 떠받치려고 성경을 뒤지는 빤한 덫을 피할 수 있다.

공동체 안에서 이웃을 보라

영성 수업에 핵심이 되는 세 번째 훈련은 교회 내지 신앙 공동체의 훈련이다. 이 영적 실천에 임하려면 하나님의 백성들과의 관계 속에 있으면서, "두 세 사람이 내 이름으로 모인"(마 18:20) 공동체 속과 역사 속에 나타나는 하나님의 적극적인 임재를 증거해야 한다.

신앙 공동체는 우리에게 세상과 우리의 삶 속에 정말로 벌어지고 있는 일을 계속해서 환기시켜준다. 예컨대 흔히 사용하는 기도문들, 의식들, 성경 본문들, 그리스도의 생애에 따른 연간 교회력을 포함한 교회의 전례서와 성구집은 그리스도 사건의 충만함을 우리에게 펼쳐 보여준다.

그리스도는 지금도 오시고, 지금도 태어나시고, 세상에 자신을 나타내시고, 지금도 고난당하시고, 지금도 죽으시고, 지금도 부활하시고, 지금도 승천하시며, 지금도 성령을 보내고 계신다.

이런 사건들은 단순히 먼 옛날에 일어났던 기억 속의 사건들이 아니라 기독교 공동체의 일상생활 속에 벌어지는 사건들이다. 그리스도의 삶은 공동체와 예배 속에서 기억되며, 바로 그 삶 안에서 그리고 그 삶을 통하여 하나님은 자신의 적극적인 임재를 우리에게 알리신다.

강림절, 크리스마스, 공현절, 사순절, 부활절, 승천일, 오순절의 본질이 바로 그것이다. 교회는 전체 역사의 근간이 되는 하나님의 사건들에 우리의 주의를 환기시키며, 그 사건들 덕분에 우리는 자신의 이야기의 의미를 찾을 수 있다.

교회에 귀를 기울이는 것은 곧 교회의 주인께 귀를 기울이는 것이다. 구체적으로 그것은 교회의 전례생활에 동참한다는 뜻이다. 강림절, 크리스마스, 사순절, 부활절, 승천일, 오순절 등 절기마다 축전과 축하

의식과 주제들이 있어서, 우리에게 예수님을 더 잘 알도록 가르쳐주고, 우리를 신앙 공동체의 거룩한 삶과 더 긴밀하게 연합시켜준다.

그리스도의 삶에 나타난 사건들에서 더 배우고 빚어질수록 우리는 일상의 이야기들을 우리 삶 속에 계시는 하나님 임재의 거대한 이야기와 더 연결시킬 수 있다. 이렇듯 신앙 공동체로서 교회의 훈련은 우리의 마음과 생각을 하나님께로 돌려줌으로써 우리의 영성 지도자의 역할을 한다. 영성 지도자를 만나면 기독교 공동체의 대인관계를 경험하게 되고, 우리 개개인의 삶이 어떻게 하나님의 거대한 이야기, 지금도 전개중인 하나님 백성의 이야기의 일부인가에 대하여 초점이 뚜렷한 대화들이 가능해진다.

이 세 가지 훈련은 영적 분별력, 상호 책임, 지도를 요한다. 그것들이 있어야 우리는 자신의 막힌 귀와 저항을 물리칠 수 있고, 미지의 곳으로 부름 받을 때에도 하나님의 음성을 듣는 자유롭고 순종적인 사람들이 될 수 있다.

그래서 혹 당신이 여정의 출발에 관심이 있다면, 나는 당신에게 해줄 말이 훨씬 많다. 영적인 삶의 여정은 결단과 훈련만 필요한 것이 아니라 앞으로 지나갈 지형에 대한 체험적 지식도 필요하기 때문이다.

우리의 영적 조상들이 그랬던 것처럼 당신도 40년간 광야를 방황하는 일이 없기를 바란다. 당신이 나처럼 오랫동안 그곳에 거하는 것조차도 나는 원치 않는다.

누구나 직접 배워야 한다는 것은 여전히 맞는 말이지만, 그래도 우리와 동일한 실수를 범하지 않도록 우리의 사랑하는 이들에게 경고는 할 수 있다고 믿는다. 영적인 삶의 지형에서 우리에게는 길잡이가 필요하다. 내가 당신의 길잡이가 되고 싶다. 당신도 관심을 가지고 함께 걸었으면 좋겠다.

헨리 나우웬

첫 번째 시간

. . .

자신의 마음을 들여다보라

1. 마음을 다스리다
_ 매일 1시간씩 비워두기

2. 하나님의 음성을 듣다
_ 순종하기

3. 하나님의 사랑을 받다
_ 기도하기

4. 예수님의 마음을 닮다
_ 사랑하기

마음을 다스리다
_ 매일 1시간씩 비워두기

✽ 테레사 수녀는 조용히 나를 쳐다보며 말했다. "글쎄요. 하루 한 시간씩 주님을 사모하며 보내고, 잘못인 줄 아는 일을 전혀 하지 않는다면 아무 문제 없을 것입니다!"

옛날에 진리와 행복과 기쁨과 삶의 정도正道를 찾던 어떤 젊은이가 있었다. 오랜 방랑과 여러 다양한 경험과 갖은 고생 끝에 그가 깨달은 것은 자신의 의문들에 아무런 답도 찾지 못했다는 것과 스승이 필요하다는 것이었다. 하루는 그가 어느 유명한 선사에 대하여 들었다. 즉시 그는 선사를 찾아가서 발밑에 엎드려 말했다. "선사님, 부디 저의 스승이 되어주십시오."

선사는 그의 말을 듣고 요청을 받아들여 그를 개인 비서로 삼았다.

선사가 가는 곳이면 어디나 신임 비서도 함께 다녔다. 그러나 선사는 조언과 상담을 받으러 자기를 찾아오는 많은 사람들에게는 말을 하면서도 자기 비서에게는 일절 말이 없었다. 3년이 지나자 젊은이는 어찌나 실망과 좌절이 크던지 더 이상 참을 수 없었다. 하루는 그가 버럭 화를 내며 스승에게 말했다. "저는 모든 것을 희생하고, 있는 것을 다 버리고, 스승님을 따랐습니다. 왜 저를 가르쳐주시지 않는 겁니까?" 선사는 못내 측은한 마음으로 그를 보며 말했다. "나와 함께 있는 매순간 내가 너를 가르쳐왔음을 모른단 말이냐? 네가 차 한 잔을 내오면 내가 마시지 않더냐? 네가 나에게 절하면 나도 너에게 절하지 않더냐? 네가 내 책상을 치우면 내가 아주 고맙다고 말하지 않더냐?"

젊은이는 스승의 말을 알아듣지 못하고 더 혼란에 빠졌다. 그때 불현듯 선사가 목청을 높여 일갈했다. "보려면 똑바로 보거라." 그 순간 젊은이는 깨달음을 얻었다.[4]

열성적인 젊은 제자를 가르치는 극동의 선사와 영적 구도자를 대하는 서양의 기독교 영성 지도자 사이의 거리는 건너야 할 넓은 다리처럼 보일 수 있다. 그렇더라도 이 이야기는 우리 삶에서 갖게 되는 의문들을 푸는 데에 필요한 지혜를 명쾌히 지적해준다. 세상에서 자신의 사명을 구하는 우리는 혼자서나 공동체 안에서나 자신의 의문들을 삶으로 겪어내야 한다.

선사 이야기의 젊은이에게는 표현하지 못한 절박한 의문들이 있었다. 진리란 무엇인가? 기쁨과 행복은 어떻게 찾을 수 있나? 삶의 정도는 무엇인가? 여기에 우리 자신의 인생에서 생기는 의문들을 더할 수 있다. 내 인생으로 무엇을 할 것인가? 누구와 결혼할 것인가? 어디에 살 것인가? 내가 나눌 수 있는 선물들은 무엇인가? 외로움을 어찌할 것인가? 내가 애정, 인정, 권력에 이토록 굶주려 있는 것은 왜인가? 내 두려움, 수치심, 중독, 열등감, 패배감을 어떻게 극복할 수 있나?

몇 년 전 나는 캘커타의 테레사 수녀를 만날 기회가 있었다. 당시 많은 문제로 고민하던 나는 그 기회에 테레사 수녀의 충고를 듣기로 했다. 자리에 앉자마자 나는 내 모든 문제와 고민을 설명하기 시작했다. 한없이 복잡한 문제임을 납득시키려 했다! 10분 동안 장황하게 늘어놓은 뒤 마침내 내가 입을 다물자 테레사 수녀는 조용히 나를 쳐다보며 말했다.

"글쎄요. 하루 한 시간씩 주님을 사모하며 보내고, 잘못인 줄 아는 일을 전혀 하지 않는다면 아무 문제 없을 것입니다!"

그 말을 듣는 순간 나는 불현듯 테레사 수녀가 내 복합한 신세타령의 커다란 풍선을 터뜨려 내게 나 자신을 벗어나 참된 치유의 자리를 보게 해주었다는 생각이 들었다. 짧지만 결정적인 그 만남을 돌아보면서 나는 내 질문은 아래에서 났고 그녀의 대답은 위에서 난 것임을 깨달았다. 처음에는 동문서답처럼 보였지만 점차 나는 그녀의 대답이 내 불평의 자리에서 온 것이 아니라 하나님의 자리에서 온 것임을 알게 되었다.

대부분의 경우 우리는 아래에서 난 질문에 아래에서 난 대답으로 반응한다. 결과는 혼란의 가중일 때가 많다. 테레사 수녀의 대답은 내 어둠 속에 한 줄기 번갯불과도 같았다.

나의 경우 영성 지도를 구한다는 것은 지지적인 공동체 상황 안에서 커다란 의문, 근본적 의문, 보편적 의문들을 던진다는 뜻이다. 바른 의문들을 던지고 그 의문을 품고 살아갈 때, 거기서 바른 행동들이 설득력 있게 그 모습을 드러낸다. 성령의 인도 아래 의문을 품고 살면서 바르게 행동하려면 훈련과 용기가 함께 필요하다. 문이 열릴 때까지 "구하고 찾고 두드리는" 훈련이다 (마 7:7-8 참조).

모든 의문은 하나님 앞에서 해결된다

당신은 인생의 궁극적인 의문을 당장 딱 꼬집어 말할 수 없을지도 모른다. 때로 우리는 두려움과 불안이 너무 크고 자신의 고통에 지나치게 동화되어서, 의문들이 고통에 가려질 때가 있다. 고통이나 혼란을 일단 의문에 담아내거나 의문으로 표현했으면, 이제 거기에 답하기보다는 그것을 삶으로 살아내야 한다. 그러므로 지도를 구하는 일차 과제는 당신 자신의 고민, 회의, 불안을 대면하는 것이다. 요컨대, 당신의 인생을 하나의 추구로 인정하는 것이다.[5]

당신의 삶, 나의 삶은 하나님이 은혜로 주신 것이다. 우리의 삶은 풀어야 할 문제가 아니라 우리의 친구이시고 최고의 길잡이이신 예수님과 더불어 걸어야 할 여정이다.

바로 여기가 설교, 가르침, 상담, 목양 등 영적 삶의 다른 대인적對人的인 훈련들과 더불어 영성 수업 사역이 도움이 될 수 있는 부분이다. 이런 대인적인 자원들은 사람들로 하여금 자신의 삶과 우호적인 거리를 두도록 돕기 위한 것이다. 현재 경험 중인 일을 견뎌야 할 의문의 형태로 비추어볼 수 있도록 말이다.

먼 옛날에 실존의 어려운 의문들을 던지고 삶으로 겪어냈던 믿음의 사람이 있었으니 곧 욥이었다. 성경 욥기를 잘 읽어보면 욥의 친구들은 그의 질문들에 '대답'하지만 하나님은 대답하지 않으심을 알 수 있다. 고난 앞에서 의문들을 품고 살면서 욥이 할 수 있는 말은 이것뿐이다.

"주신 자도 여호와시요 취하신 자도 여호와시오니 여호와의 이름이 찬송을 받으실찌니이다"(욥 1:21).

욥의 질문들

욥은 착한 사람이지만 재산, 땅, 가족까지 모든 것을 잃는다. 재앙의 한복판에서 욥은 부르짖는다. "나의 난 날이 멸망하였었더라면, 남아를 배었다 하던 그 밤도 그러하였었더라면…… 어찌하여 내가 태에서 죽어 나오지 아니하였었던가. 어찌하여 내 어미가 낳을 때에 내가 숨지지 아니하였던가. 어찌하여 무릎이 나를 받았던가. 어찌하여 유방이 나로 빨게 하였던가"(욥 3장).

그런데 욥의 친구 엘리바스와 빌닷과 소발은 뭐라고 했던가? 그들은 욥의 질문들을 참지 못하여 그에게 소리 지른다. "네가 언제까지 말을 계속하여 우리의 귀를 쓰레기로 채우려느냐?" 욥의 부르짖음을 무시한 채 그들은 하나님과 자기 자신들을 옹호하기 시작한다. 그러나 욥은 말한다. "나는 너희의 위로에 신물이 난다. 너희가 언제까지 나에게 이런 말을 퍼붓겠느냐? 너희가 내 입장에 있다면 나도 그런 말을 할 수 있다. 나도 온갖 비난으로 너희를 매장해버리고 내 경건함으로 너희를 비웃을 수 있다." 욥은 친구들에게서 아무런 도움도 얻지 못한다. 그의 괴로운 의문들을 부인함으로써 그들은 사실 그를 더 깊은 절망으로 몰아넣는다.

하나님은 폭풍 가운데서 욥에게 입을 여실 때 이렇게 말씀하신다. "바닷물이 태에서 나옴 같이 넘쳐흐를 때에 문으로 그것을 막은 자가 누구냐. 그때에 내가 구름으로 그 의복을 만들고 흑암으로 그 강보를 만들고 계한을 정하여 문과 빗장을 베풀며……"(욥 38장). 소리를 발하실 때에 하나님은 질문으로 말씀하신다. 그 질문 속에 창조력 있는 영원한 사랑의 말할 수 없는 신비가 계시된다.

그래서 어려울 때에 영적 도움을 구하려면 우선 추구 자체를 부인하지 말고 인정해야 한다. 괴로운 의문들을 던지고, 직면하고, 삶으로 겪어내야 한다. 그것은 우리가 간단한 답을 내놓거나 받아들이려는 유혹, 하나님이나 교회나 전통이나 기타 자신이 옹호하도록 부름 받았다고 느껴지는 것의 편한 옹호자가 되려는 유혹을 끊임없이 피해야 한다는 뜻이다. 경험으로 보건대 그런 허울뿐인 변증은 적대감과 분노를 일으키고, 결국 우리가 옹호하려는 그런 대상으로부터 우리를 점점 더 소외시킨다. 고통의 시기에 삶의 의문들이 당신에게 소용돌이치거든 조심하라. 쉬운 답이나 보장을 경계하라. 당신이 삶의 의문을 품고 살 때 친구가 되어 당신의 말을 들어줄 그런 사람들과 가까이 지내려고 하라.

영적 길잡이가 만일 괴로운 추구를 불안스레 피하고 답 없는 의문에서 비롯된 간격을 초조하게 메운다면, 그런 사람은 조심해야 할 대상이다. 지도를 구할 때에 우리는 손쉬운 답과 얄팍한 의미를 좇는 피상적 추구에 자칫 빠지기 쉽다. 견고한 영적 길동무나 영혼의 친구가 있으면 자기 이해와 영적 깊이의 새로운 길로 들어서는 삶에 도움이 된다. 최고의 길잡이들은 기꺼이 말없이 함께 있어주며, 모르는 상태를 편하게 여긴다. 영성 지도와 위로와 지식의 유일한 근원은 결국 하나님의 영이다.

선사 이야기에서 답을 추구하는 젊은이나 성경 이야기에서 의문을 품고 살아가는 욥을 보면서 분명해지는 것이 있다. 의미를 찾으려는 추구, 인간의 연약함과 한계를 인정하는 자세, 믿을 수 있는 영적 친구들과의 관계, 하나님의 초월적 신비가 밝혀질 것에 대한 열린 마음 등이 없는 한 어떠한 진리도 발견할 수 없다는 것이다. 모든 의문은 하나님 앞에서 끝나게 되어 있다.

삶의 의미를 찾는 성장통은 누구에게나 필요하다

선사 이야기의 젊은이가 스승을 찾아간 것은 의문이 있기 때문이다. 사실 그의 삶 전체가 아주 절박하고 물리칠 수 없는 하나의 의문이 되어서 그는 스승에게 "제발, 제발 저의 스승이 되어주십시오"라고 부르짖는다. 스승들은 배우고자 하는 제자들이 있어야만 가르칠 수 있다. 영성 지도자들은 의문을 들고 찾아오는 구도자들이 있어야만 지도할 수 있다. 의문이 없으면 답이 조종이나 통제로 느껴진다. 고민이 없으면 도움을 베풀어도 간섭으로 보인다. 그리고 배우려는 열망이 없으면 지도는 쉽게 압박으로 느껴진다.

의문을 품는 삶은 주류 기독교 사역에 역행한다. 지식을 주어 납득하게 하고, 기술을 주어 통제하게 하고, 권력을 주어 정복하게 하려는 것이 주류 기독교 사역이다. 그러나 영적인 경청 속에서 우리는 다 납득할 수 없는 하나님을 만나고, 통제할 수 없는 실체들을 발견하고, 우리의 희망이 권력의 소유 안에 숨겨져 있지 않고 연약함의 고백 속에 숨겨져 있음을 깨닫는다.

나는 누구인가? 나는 어디서 왔나? 그리고 어디로 가고 있나? 기도란 무엇인가? 내게 하나님은 누구인가? 하나님은 내게 어떻게 말씀하시나? 내가 속한 곳은 어디인가? 나는 어떻게 섬길 수 있나? 같은 영성 지도의 주요 의문들은 쉬운 답이 있는 의문이 아니라 우리를 실존의 말 못할 신비 속으로 더 깊이 끌어들이는 의문이다. 우리는 의문의 정당성을 인정해야 한다. 우리는 이렇게 말해야 한다. "맞다, 과연 이것들은 의문이다. 의문을 제기하기를 주저하지 말라. 의문 속에 들어가기를 두려워하지 말라. 의문을 품는 삶을 외면하지 말라. 혀끝에 최종 해답이 없어도 걱정하지 말라."

영성 수업은 삶의 의미를 찾으려는 기본 추구를 인정한다. 영성 수업이 이루어지려면 의문의 정당성이 답의 가능성에 있지 않고 우리에게 새로운 시각과 지평을 열어주는 의문의 역량에 있는, 그런 공간을 마련해야 한다. 기쁨, 외로움, 두려움, 염려, 정서적 불안, 회의, 무지, 애정과 지지와 이해를 받으려는 욕구, 사랑받으려는 간절한 절규 등 일상생활의 모든 경험을 영적 추구의 본질적인 한 부분으로 인정해야 한다.

삶의 의미를 찾으려는 노력은 극한 좌절과 때로 말할 수 없는 고통을 안겨줄 수 있다. 정확히 그것은 즉답이 아니라 새로운 의문들로 이어지기 때문이다. 그 추구의 고통이 꼭 필요한 성장통임을 깨닫는다면 우리는 인간의 영적 발달의 원동력들을 선한 것으로 받아들이고 믿음의 먼 여정을 인하여 감사할 수 있다.

사랑이 있는 곳에 하나님이 계신다

선사의 젊은 제자는 3년이 지나도록 스승이 자기에게 아무것도 가르쳐 주지 않았다고 불평한다. 그러자 스승은 "나와 함께 있는 순간마다 내가 너를 가르쳐왔음을 모른단 말이냐?"라고 반응한다. 이 스승의 대답 속에 영적 길잡이의 핵심 역할이 여실히 표현되어 있다. 궁극적으로 우리가 베풀어야 할 것은 다른 사람들과의 관계 속에 있는 우리의 진정한 자아다. 가장 중요한 것, 정작 변화를 일으키는 것은 진리를 증거하는 겸손하고 연약한 증인의 위력이다.

영성 수업의 주목표 중 하나는 사람들로 하여금 자신에게 이미 뭔가 내어줄 것이 있음을 깨닫도록 돕는 것이다. 그러므로 지도자는 또한 받는 자가 되어 "네 안에 뭔가가 보인다. 너에게서 그것을 받고 싶다"고 말할 수 있어야 한다. 그렇게 주는 자는 받는 자의 눈을 통하여 자신의 달란트를 발견하게 된다.

그러므로 영성 수업의 본질은 증언의 질이며, 증언이란 "우리가 들은 바요 눈으로 본 바요 주목하고 우리 손으로 만진 바"(요일 1:1)를 선포하는 것이다. 증인이 된다는 것은 친구들을 위하여 당신의 목숨을 버리고, 단어의 원뜻대로 '순교자'가 된다는 뜻이다. 증인이 된다는 것은 당신 자신의 신앙 경험을 내준다는 뜻이다. 당신의 회의와 희망과 실패와 성공과 외로움과 상처를, 다른 사람들이 그들 나름의 인간됨과 의미 추구로 고민할 수 있는 하나의 정황으로써, 그들에게 내놓는다는 뜻이다. 대신 우리는 자신의 정서적, 정신적, 영적 가면들 뒤에 숨을 때가 많다. 자신의 고민들을 성장과 이해의 원천으로 다른 사람들에게 정말 내놓고 싶은 사람이 누가 있겠는가? 자신의 연약함과 한계들, 회의와 불확실한 것들을 새삼 떠올리고 싶은 사람이 누가 있겠는가? 하나님은 이해할 수 없는 분이고, 인간 경험은 설명할 수 없는 것이며, 인생의 커다란 의문들은 답이 아니라 더 깊은 의문들로 이어질 뿐임을 뉘라서 고백하고 싶겠는가? 연약해져서 당당히 "나는 모른다!"고 말하고 싶은 사람이 누가 있겠는가? 영성 수업을 베풀거나 받으려면 공동의 추구 속으로 들어가는 용기, 자신의 깨어진 모습을 직시하는 용기, 지혜와 이해를 통하여 성장하는 이 역량을 활용할 수 있는 용기가 필요하다.

영성 수업이란 상대방의 말을 두려움 없이 듣고, 당신 자신의 파란만장한 인생 이력 속에서 하나님의 긴밀한 연결 고리들을 발견하는 것이다. 그것은 다른 사람들로 하여금 자신의 의문들이 인간의 의문이고, 자신의 추구가 인간의 추구이며, 자신의 불안이 당신 자신의 심령을 포함하여 인간 심령의 불안의 일부임을 깨닫도록 돕는 것이다.

심각한 고민과 초미의 의문을 지닌 사람들에게 나는 긍휼로 다가가 이렇게 말해주고 싶다. "당신은 다 알 수 없는 문제의 답을 구하고 있다. 나도 답을 모르지만 당신의 추구를 돕겠다. 나는 해결책이나 최종 해답을 내놓지 못한다. 나도 당신만큼 약하고 유한하다. 그러나 우리는 혼자가 아니다. 자애와 사랑이 있는 곳에 하나님이 계신다. 함께 우리는 공동체를 이룬다. 함께 우리는 영적 추구를 계속한다."

내면을 들여다보며 살라

선사의 제자가 스승의 말뜻을 더듬고 있자 스승은 불현듯 그에게 "보려면 똑바로 보거라"고 외친다. 그 순간 젊은이는 깨달음을 얻는다. 여기서 의문을 품는 삶의 세 번째 측면이 나온다. 즉, 당당히 지금 순간에 살 수 있을 만큼 하나님이 때로 번개처럼 충분한 인도를 보여주실 때까지 의문을 품고 살라는 것이다.

의문을 품고 살려면 우선 자신의 내면을 들여다보아야 한다. 하나님이 우리 안에 임재하시며 일하심을 믿고서 말이다. 이것은 매우 어려운 일이다. 세상이 우리를 우리의 가장 깊은 자아에서 자꾸만 떼어놓고, 우리 바깥에서 답을 찾으라고 부추기기 때문이다. 당신이 외로운 사람이라면, 당신은 묻고 기다리고 들을 만한 내적인 안식이 없다. 그래서 당신은 다른 사람이 답을 가져다주기를 바라며 사람들을 갈망한다. 당신은 그들이 지금 여기에 있기를 원한다. 그러나 먼저 하나님의 임재 안에서 고독을 품으면, 당신은 공동체와 상호 책임을 찾아 다른 사람들을 바라보기 전에 먼저 자신의 아우성치는 내적 자아에 주목할 수 있다. 이것은 자기중심성이나 건강치 못한 내성과 전혀 무관하다. 라이너 마리아 릴케가 어느 젊은 시인에게 조언한 말대로, "당신의 가장 깊은 존재 안에서 벌어지고 있는 일은 당신의 전적인 사랑을 받기에 합당"하기 때문이다.[6]

우리는 내면의 의문들을 정말로 주의 깊게 잘 듣지도 않고서 초조하게 해답을 찾아 이 집 저 집, 이 책 저 책, 이 교회 저 교회 돌아다닐 때가 허다하다. 이번에도 릴케는 젊은 시인에게 이렇게 쓴다.

간곡히 권하노니…… 당신 마음속의 해결되지 않은 모든 것에 대해
인내하라…… 의문 자체를 애써 사랑하라. 답을 구하지 말라. 당신이
답대로 살 수 없겠기에 답은 올 수도 없다. 요지는 모든 것을 살아내
는 것이다. 지금은 의문을 품고 살라. 그러다 보면 자기도 모르게 서
서히, 답 속에 살게 될 날이 올 것이다…… 무엇이든 오는 것을 깊
은 신뢰로 받으라. 그것이 당신의 의지에서, 당신의 가장 깊은 존재
의 어떤 필요에서 오기만 한다면 그것을 떠안고 아무것도 미워하지
말라.7

하나님은 우리 삶의 중심에 들어오셔서, 우리에게 최종 해답이 있다
는 환상을 벗기시고, 늘 더 깊은 의문들로 우리의 무장을 푸신다. 그러
면 우리의 삶이 반드시 더 쉽거나 단순해지는 것은 아니지만, 정직하고
용감하며 진리의 지속적인 추구를 특징으로 하는 삶이 되는 것만은 분
명하다. 의문을 품고 살다보면 답이 나올 때도 있다. 그러나 우리의 의
문과 이슈들이 고독 속에 단련되고 성숙되는 사이에 단순히 의문 자체
가 사라질 때가 더 많다.

인도와 지도를 구한다고 해서 반드시 내적 의미 추구에 간단한 답이
나 해결책이 나오는 것은 아니다. 스승이나 지도자는 광경을 비추어주
는 거울이나 때로 화살 너머를 가리키는 화살에 지나지 않는다. 비유 속
의 선사처럼 영성 지도자는 깨달음을 만들어내는 것이 아니라 다만 하
나님의 빛을 선물로 받을 수 있도록 구도자를 깨워줄 수 있다.

영성 지도자의 가장 큰 사명은 영적 성장의 기회들에 문을 열어주고,

삶의 커튼 뒤에 있는 위대한 신비의 빛을 그리고 모든 지식의 근원이요 생명을 주시는 분인 주님을 때로 조금이나마 보여주는 것이다. 영성 수업을 받는다는 것은, 하나님이 우리의 문제를 풀어주시거나 우리의 의문에 답하지 않으시고 오히려 모든 의문이 끝나는 우리 실존의 신비로 우리를 더 가까이 이끄심을 인식하는 것이다.

헨리 나우웬의 영성 교실

오늘의 할 일 ▶

1. 기도하며 묵상하기에 안전하고 편안한 시간과 장소를 찾는다.

2. 침묵과 고독 속에서 욥기의 첫 석 장을 천천히 읽는다. 잠시 멈추
   어 욥과 그 친구들이 하는 말을 생각하고 묵상한다. 말하지는 않
   았지만 행간에 깊이 느껴지는 것들도 함께 묵상한다. 생각이 가슴
   으로 내려가게 한다. 말씀을 경청한다.

3. 당신 주변의 친구들을 꼽아보라. 당신이 인생의 특정한 의문을 심
   사숙고할 때에 당신 곁에 앉아서 단순히 함께 있어줄 친구가 있는
   가? 만일 그렇다면 그 우정을 힘써 가꾸라. 그런 친구가 없다면 그
   런 영혼의 친구나 영적 길잡이나 소그룹을 만날 수 있도록 기도를
   시작하라.

4. 당신의 의문을 일기장에 썼다가 더 묵상하고, 당신의 영성 지도자
   나 기도 그룹에서 나누어보라. 다음 일기 쓰기 지침을 따르면 도
   움이 될 것이다.

일기 쓰는 법 ▶▶

영적인 삶의 훈련들 중 하나로 일기 쓰기가 있다. 이는 당신이 읽고 있는 성경말씀, 당신의 기도생활, 영성 지도자에게서 경험한 것, 소그룹 토의에 참여한 것, 하나님이 당신의 삶 속에 하고 계신 일 등과 관련하여 개인적인 묵상을 기록하는 것이다. 일기를 쓰고 묵상하는 것은 귀찮은 일이 아니라 영적 성장을 목표로 한 활동이어야 한다. 시간이 가면서 일기 쓰기는 영성 개발의 꾸준한 훈련이 될 수 있다.

일기 쓰기는 영적인 삶의 더 깊은 의문들을 묻는 과정의 일환이 되어야 한다. 특정한 관찰과 설명과 개념에 대한 당신의 느낌을 기록하고, 기도와 경청의 정황 속에서 당신이 믿는 바를 선포하는 길이 되어야 한다.

다른 사람들의 피드백은 개인의 일기 쓰기에 도움이 된다. 진정한 영적 삶을 추구한다면, 최소한 두 명을 골라서 당신의 일기를 일부 읽게 하고 영성 개발과 관련하여 의견을 들으라고 권하고 싶다.[8]

묵상과 일기 ▶▶▶

- 지금 당신의 삶 속에 있는 끈질긴 의문 하나를 찾아서 이름을 붙여보라. 당신의 괴로운 또는 끈질긴 의문을 다른 사람들이 무시했거나 허울 좋은 답을 내놓았던 때를 묵상해보라.
- 그런 반응이 당신에게 어떤 영향을 주었는가?

하나님의 음성을 듣다
_ 순종하기

✱ 영성 지도자란 상담자나 치유자나 분석가가 아니라 성숙한 동료 그리스도인이다. '영혼의 친구' 또는 '영적 친구'라 할 수 있다.

옛날에 어떤 조각가가 커다란 대리석 덩이를 놓고 망치와 정으로 열심히 작업을 하고 있었다. 그를 지켜보고 있던 한 어린 소년은 여기저기 떨어지는 크고 작은 돌 조각들밖에 보이지 않았다. 아이는 무슨 일이 벌어지고 있는지 전혀 몰랐다. 그러나 몇 주 후에 아이가 작업실에 돌아와보니 놀랍게도 전에 대리석이 서 있던 자리에 크고 힘센 사자가 앉아 있었다. 소년은 몹시 흥분하여 조각가에게 달려가 말했다. "선생님, 말해주세요. 대리석 속에 사자가 있는 걸 어떻게 아셨

어요?"⁹

어린 소년이 조각가에게 던진 질문은 아주 실제적인 것이며, 어쩌면 가장 중요한 질문일 수도 있다. 대답은 이렇다. "내가 대리석 속에 사자가 있는 걸 안 것은 대리석 속의 사자를 보기 전에 먼저 내 마음속에서 사자를 보았기 때문이다. 내 마음속의 사자가 대리석 속의 사자를 알아본 것이 비결이다." 조각술이란 무엇보다도 보는 예술이다. 그리고 훈련은 마음으로 보았던 것을 가시화하는 길이다.

영적 훈련들이란 우리 마음속에 있는 하나님의 형상을 보기 시작하는 기술이고 기법들이다. 영성 개발이란 조각의 거장이신 하나님의 작업에 주의 깊게 주목하는 것이다. 내면의 사자가 드러날 때까지, 하나님에게서 오지 않은 모든 것들이 서서히 깎여나가도록 잠자코 있는 것이다. 영성 지도란 어린 아이, 조각의 거장, 그리고 점차 드러나는 멋진 대리석 사자 사이의 상호 작용이다. 모든 지도자는 사실 드러나는 예술 작품에 환호하고 경탄하는 구경꾼이다.

기도하는 자세로 경청하기

영적인 삶을 산다는 것은 절대 쉽지 않다. 대리석은 쉽게 깎이지 않으며, 인간의 영도 하나님의 원안原案에 속히 합치되지 않는다. 하나님의 형상으로 빚어지려면 어리석은 삶에서 순종하는 경청으로 옮겨가려는 씨름이 있어야 한다. 어리석다absurd는 단어에는 '귀머거리'라는 뜻의 'sardus'라는 말이 들어 있다. 어리석은 삶이란 침묵 속에서 우리에게 말하는 음성을 듣지 못하는 줄곧 귀먹은 생활 방식이다. 우리가 몸담고 있는 많은 활동들, 우리를 선점하고 있는 많은 관심사들, 우리를 둘러싸고 있는 많은 소리들, 이런 것들 때문에 우리는 하나님의 임재가 알려지는 통로인 '순전한 침묵'을 듣기가 매우 어렵다(왕상 19:12 참조). 시끄럽고 바쁜 세상이 공모하여 우리로 그 음성을 듣지 못하게 하고, 우리를 완전히 귀머거리로 만들려고 하는 것 같다. 그러므로 빈틈없이 꽉 찬 삶의 한복판에서, 종종 정말로 벌어지고 있는 일이 있는지 의문이 드는 것도 무리가 아니다.

우리의 삶은 많은 일들로 차 있을지 모른다. 일들이 너무 많아서 도대체 그것을 어떻게 다 해낼지 의문일 때도 많다. 그러나 동시에 우리는 불만족을 느낄 수 있다. 바쁘지만 따분하고, 가담은 하고 있지만 외로운 상태가 혹 어리석은 삶의 증상이 아닌가 하는 의문이 들 수 있다. 그것은 우리를 창조하셨고 우리를 새로운 삶으로 부르시는 분의 음성을 더 이상 듣지 않는 삶이다. 이 어리석은 삶은 매우 고통스럽다. 우리 실존의 필요불가결한 근원에서 끊어진 채 유랑 생활하는 것 같은 기분이 들기 때문이다.

반면 순종하는 삶을 살면 하나님의 임재와 활동들을 듣고 감지하는 우리의 능력이 개발된다. 순종obedience이라는 단어에는 '듣는다'는 뜻의 'audire'라는 말이 들어 있다. 순종하는 삶이란 내 내면과 우리 중에 계신 성령의 음성을 바짝 귀 기울여 듣는 삶이다. 하나님의 계시에 대한 일대 뉴스는 단순히 하나님이 존재하신다는 것이 아니라 하나님이 적극적으로 임재하신다는 것이다. 우리 하나님은 우리를 돌보시고 치유하시고 인도하시고 지도하시고 도전하시고 지적하시고 바로잡으시고 빚으시는 하나님이다. 하나님은 이를테면 사자처럼 용맹스런 인간성을 온전히 실현하는 쪽으로 우리를 더 가까이 이끌기 원하시는 하나님이다. 순종한다는 것은 이 적극적인 임재에 끊임없이 주목하는 것이며, 오직 사랑이신 하나님을 우리의 모든 생각과 말과 행동의 근원이자 목표가 되게 하는 것이다.

안식처를 찾는 것이 유일한 해답이다

하나님의 음성을 '듣는 귀'를 기르려면 시간이 걸린다. 우리 모두에게는 듣지 않으려는 강한 저항이 있다. 우선 우리는 자신의 삶에 빈 공간을 마련하고, 자신을 장악하고 선점하고 있는 것들을 잠시만이라도 내려놓기를 몹시 어려워한다. 우리는 빈 공간에 대한 두려움으로 고생한다. 우리는 유용성, 효율성, 통제력에 너무 연연한 나머지 무용하고 비효율적이고 통제가 안 되는 순간이 오면 겁에 질린다. 그래서 뭔가 실속 있는 일이 있는 안전지대로 곧장 달아난다.

그러나 빈 공간에 대한 두려움보다 더 강한 것은 실제로 하나님의 음성을 듣는 것에 대한 우리의 두려움이다! 하나님은 질투하시는 하나님이며, 그분 안에서 안식처를 찾는 것 외에는 우리의 불안과 귀먹은 상태에 대한 처방책이 없음을 아시는 분임을 우리는 안다. 하나님의 자비는 엄한 자비라서 버릇이나 응석을 받아주지 않고 진리의 처소인 마음을 쪼갠다는 것도 우리는 안다. 그래서 우리는 불만족과 미진함을 느끼면서도, 하나님이 가라고 부르실 수 있는 방향으로 정말 가고 싶은지 자신이 없다. 우리의 자아상이 하나님께서 우리 안에 빚으려고 하시는 상과 같은 것인지 자신이 없다. 하나님의 음성을 정말로 들은 사람들은 친숙하고 비교적 편안한 곳들을 떠나서 선뜻 가고 싶지 않은 곳들로 가라는 부름을 종종 받았다. 이집트의 고달픈 확실성이 광야의 종잡을 수 없는 방황보다 더 나아 보인다고 모세에게 불평했던 이스라엘 백성의 경우가 그랬다. 그리스도를 따르다가 박해와 괴로운 시련을 당해야 했던 많은 남녀들의 경우도 그랬다.

다른 것들로 꽉 찬 상태와 산만한 상태도 저항의 한 형태인데, 그런 저항이 있으면 우리 삶의 진리들을 볼 수 없고, 하나님의 음성을 들을 수 없고, 영적인 삶을 살 수 없다. 하나님의 음성을 듣고 순종하려면 우리의 주목을 끌려고 다투는 다른 모든 음성들에 대하여 저항을 구축해야 한다.

영적인 삶이 항상 평안하지는 않다

믿음이 성장하려면 하나님이 어디서 활동하고 계시며 내가 어디로 인도받고 있는지 식별하는 주의력이 자라야 한다. 영적 귀머거리와 소경의 상태를 떨치는 핵심 질문의 하나는 이것이다. 내 삶이나 공동체 속에서 지금 하나님이 활동하고 계신 곳은 어디인가?

영적인 삶을 마치 우리가 특정한 감정을 느끼고 특정한 생각을 하고 특정한 통찰을 얻을 때 시작되는 삶으로 생각하는 경향이 실재한다. 그러나 문제는 영적인 삶을 어떻게 만들어낼 것이냐가 아니라 그것이 실제로 벌어지고 있는 부분을 보는 것이다. 우리는 하나님이 이 세상 속에서, 개인들과 공동체들 속에서 활동하신다는 전제하에 작업에 임한다. 하나님은 지금 뭔가를 행하고 계신다. 우리가 의식하고 있든 그렇지 못하든, 깎아내고 조각하는 일은 이미 진행되고 있다. 하나님이 과연 활동하고 계시며 그 영적인 삶에 내가 이미 가담하고 있음을 인식하는 것, 그것이 우리의 과제다.

영적인 삶은 반드시 평온함과 평안으로 이어지지는 않는다. 나 자신에 대한 또는 다른 사람들과 함께함이 얼마나 좋은가에 대한 멋진 기분으로 이어지지 않는다. 깎아내는 과정은 아플 수 있다. 생전 가고 싶지 않았던 곳에 외로이 있어야 할 수도 있다. 마음에도 없던 직업으로 당신을 데려갈 수도 있다. 불편한 일들을 해야 할 수도 있다. 그런가 하면 편하기는 하지만, 모험을 좋아하는 사람으로서 별로 신나지 않는 일들에 판에 박힌 듯이 순종해야 할 수도 있다. 영적인 진리는 하나님이 우리 각자 안에서 그리고 우리의 공동체와 가정들 안에서 일하고 계시다는 것이다. 믿을 수 있는 친구들과 교제를 나누면 종종 하나님이 어떻게 일하고 계신지 볼 수 있다. 하나님의 활동을 늘 혼자서 볼 수 있는 것은 아니다.

이런 실상을 일단 수용하면 우리는 "그렇다. 하나님이 내게 말씀하고 계신다. 우리에게 말씀하고 계신다"고 거리낌 없이 말할 수 있게 된다. 그렇게 우리를 향한 하나님의 권리를 인정하면, 서서히 우리 눈이 뜨이면서 비로소 이미 벌어진 일을 보게 된다. 우리는 하나님의 위대하심이 일상사 속에 계시되는 것을 비로소 보게 되며, 우리의 삶은 순종의 한 형태가 된다. 그러므로 순종이란 우리가 피하고 싶을 수도 있는 곳들로 서서히 성령께 이끌려가는 것이다. 예수께서 베드로에게 말씀하신 것처럼 "젊어서는 네가 스스로 띠 띠고 원하는 곳으로 다녔거니와 늙어서는 네 팔을 벌리리니 남이 네게 띠 띠우고 원치 아니하는 곳으로 데려가리라"(요 21:18). 그렇다. 하나님은 요구하시는 하나님이고, 하나님의 사랑은 집요한 사랑이며, 하나님이 우리에게 많은 것을 요구하심은 신의 사랑에서 비롯된 것이다.

영적 지도자는 영혼의 친구

하나님의 부름을 듣고 순종하기가 아주 어렵기 때문에 우리에게는 훈련과 실천이라는 도움이 필요하다. 영적인 삶의 훈련이란 영성 개발의 실제적인 측면에 초점을 둔 것으로, 믿음의 능동적인 동반자다. 믿음, 즉 하나님의 존재와 활동에 우리의 마음을 내어드리는 것이 영성 개발과 실천보다 선행되지만, 영적 실천들이 꾸준히 이루어지면 믿음도 더 깊어지고 강해진다.

영적 훈련 내지 실천은 하나님이 역사하시고 말씀하실 수 있는 트이고 자유로운 공간을 마련하는 하나의 방식이다. 예를 들어서 고독 훈련은 하나님과 단둘이 시간을 보내게 하고, 그리하여 그분의 침묵을 인식하게 해준다. 공동체 훈련은 다른 사람들을 통한 하나님의 음성을 듣게 해준다. 고독과 공동체는 둘 다 기도 훈련이다. 둘 다에서 우리는 하나님의 음성을 들으려 하기 때문이다. 영적인 삶의 모든 훈련들은 어리석은(귀먹은) 삶에서 자유와 기쁨과 평안이 있는 순종의(경청하는) 삶으로 옮겨가도록 우리를 돕기 위한 것이다.

대리석 덩이는 저절로 깎일 수 없고 조각가가 필요하다. 운동선수는 자기만의 트레이너나 코치가 필요하다. 마찬가지로 믿음의 사람도 영성 지도자에게서 반드시 유익을 얻게 되어 있다. 우리는 다 자기기만에 빠지기 아주 쉽고, 자신의 무서운 속셈이나 맹점을 매번 다 감지할 수 없다. 우리는 자신이 착각하고 있지 않음을 어떻게 아는가? 내 취향에 맞는 성경말씀만 골라서 듣는 것이 아님을 어떻게 아는가? 내 상상의 음성을 듣는 것이 아님을 어떻게 아는가? 누가 자기 마음을 판단할 수 있으랴. 누가 자신의 감정과 통찰이 올바른 방향으로 가고 있는지 스스로 판별할 수 있으랴. 자기 마음의 욕망과 자기 생각의 추정을 하나님의 뜻으로 둔갑시키기란 너무도 쉽다.

우리에게는 하나님의 음성과 우리 자신의 혼돈이나 우리 통제권 밖의 어두운 세력에서 비롯되는 다른 모든 음성들을 구분하도록 도와줄 사람이 필요하다. 모든 것을 포기하고 다 잊어버리고 절망 중에 떠나고 싶은 유혹을 느낄 때, 우리를 격려해줄 사람이 필요하다. 불확실한 방향으로 너무 경솔히 덤비거나 애매한 목표로 교만하게 치달을 때면 우리에게 주의를 줄 사람이 필요하다. 읽어야 할 때와 침묵해야 할 때를 가려주고 묵상해야 할 말씀을 일러줄 사람이 필요하다. 침묵 속에서 평안을 얻지 못하고 두려움만 느낄 때, 어떻게 해야 할지 말해줄 사람이 필요하다.

영성 수업의 훈련을 통해서 우리는 우리 삶을 향한 하나님의 권리, 이미 있었던 일과 지금 있을지 모르는 일을 탐색하되, 다른 한두 명의 지혜로운 그리스도인 동반자 앞에서 그렇게 하게 된다. 우리는 하나님의 활동을 인식하고, 성령께서 부르시는 방향에 다시금 "예"라고 말하게 된다. 그 방향은 두렵거나 아주 극단적일 수도 있지만, 우리는 또한 하나님의 부름이 아주 매력 있는 부름이라는 것과 사랑의 힘이 우리를 끌고 있기에 우리가 능히 거기에 응할 수 있다는 것을 보며 놀라게 된다.

당신이 영적인 삶의 훈련과 실천들을 책임감 있게 시행할 수 있도록 당신 스스로 점검을 부탁하는 대상이 곧 영성 지도자다. 영성 수업은 그런 요긴한 도움을 받고자 예로부터 있어온 실천이고 방편이다. 성령의 역사에 민감하고 여러 전통의 훈련들을 잘 알고 있는 영적인 친구가 기도로 함께해주고, 지혜로운 조언을 들려주고, 조심스레 인도를 베푸는 것이 곧 영성 수업이다.

이런 엄격한 의미에서 영성 지도자란 상담자나 치유자나 분석가가 아니라 성숙한 동료 그리스도인이다. 책임을 다하여 영적인 삶을 살도록 나를 점검해줄 사람이다. 하나님의 활동을 분별하려는 내 끊임없는 씨름을 기도로 지원해줄 사람이다. 영적 지도자란 '영혼의 친구' 또는 '영적 친구'라 할 수 있다. 지혜와 인도를 베풀어주리라고 우리가 믿는 사람이다. 영성 지도자와의 관계는 나의 당면한 필요, 특유의 성품, 외적 상황에 따라 크게 좌우된다. 영성 지도자를 격주나 매달 단위로 정기적으로 만나고 싶어하는 사람들이 있는가 하면 필요할 때만 연락하는 정도로 만족하는 사람들도 있다. 본질은 한 그리스도인이 다른 그리스도인을 도와 두려움 없이 하나님의 임재 안에 들어가 거기서 하나님의 부름을 분별하게 해주는 것이다.

영성 지도와 치료 내지 심리 상담은 하나의 동일한 것으로 보일 때가 많다. 우리는 의식과 무의식, 우울증과 퇴행, 좌절과 방어기제, 역기능, 중독, 상호 의존 같은 단어들에 아주 익숙해 있다. 우리 사회에서는 속죄, 부활, 죄, 용서, 은혜 같은 영적인 단어들보다 심리학 어휘가 더 자주 쓰인다. 그러나 단지 심리학 세계에 남아서 심리적 의문들만 던진다면, 당신의 마음에 정작 필요한 것은 영적인 지혜인데 심리적 대답만 듣게 된다.

하나님의 음성에 민감한 공동체 그리스도인

역사적으로 지금은 많은 전통적 틀과 생활 방식이 무너지면서 우리가 우리 자신의 개인적 자원과 통찰로 내던져지고 있는 시대다. 이럴 때일수록 영성 수업의 필요성이 절실해지고 있다. 그렇다면 오늘날 우리는 어떻게 영성 수업을 베풀고 또 받을 수 있을까? 이상적으로 말해서, 개인적인 영성 지도자가 있으면 누구에게나 유익이 된다. 그러나 오로지 개인적인 영성 지도자들에 대해서만 생각한다면 그것은 오류다. 사역에 대한 생각을 시작하는 것이 중요하다. 영적 훈련들을 실천하고 그리하여 우리 삶 속에 있는 하나님의 지속적인 임재에 더욱 민감해지는 방식으로 살도록, 서로 돕는 사역 말이다. 결국 중요한 것은 이 혼돈의 세상 속에 훌륭한 영적인 남녀들이 있는 것만이 아니라 그리스도인 공동체들이 있는 것이다. 하나님은 이 치유의 임재를 만인에게 알리기 원하시는 분이며, 공동체의 그리스도인들은 바로 그분의 음성을 아주 민감하고 주의 깊게 함께 듣는다.

오늘날 많은 사람들이 현대 생활의 복잡한 미로에서 길을 찾게 해달라고 종교 지도자, 신앙 공동체, 지혜로운 친구들에게 도움을 청하고 있다. 그들은 묻고 있다. 어떻게 하면 내 삶 속에 있는 하나님의 임재를 인식할 수 있는가? 돈, 일, 관계에 대한 내 결정들이 영적으로 내린 결정임을 어떻게 하면 확신할 수 있는가? 내 삶이 그저 나 자신의 충동과 욕망에 따르는 것이 아니라 하나님께 순종하는 삶임을 어떻게 아는가? 사람에 따라서 이런 의문들은 아주 구체화되기도 한다. 나는 더 단순한 삶을 살아야 하나? 음식을 먹고 옷을 입는 방식을 바꾸어야 하나? 전쟁과 빈곤 같은 이슈들에서 나는 좀 더 예언자적 입장을 취해야 하나? 인생의 몇 년이라도 가난한 사람들을 위한 일에 바쳐야 하나?

이런 의문들은 하나님의 음성을 듣는 능력을 요한다는 점에서 길동무와 훈련이 필요하다. 하나님이 뜻밖의 방식들로 우리 마음을 조각하며 작업하고 계신 삶의 부분들이 그런 의문들을 통하여 나타난다.

헨리 나우웬의 영성 교실

▌오늘의 할 일 ▶

깊고 진정한 영적 삶을 갈망하는 사람들은 종종 뭔가 도움을 청한다. 그러므로 자신의 기도생활에 수시로 영성 지도자, 상담자, 길잡이의 감독을 받는 것은 대단히 유익한 일이다. 바른 질문들을 던지고 하나님 안에서 자신의 영적인 삶을 심화시키기를 갈망할 때, 우리는 영성 지도자를 구하고 있는 것이다. 영성 지도자와 정기적으로 폭넓게 얘기할 필요를 느끼는 사람들도 있고 가끔 한 번씩 만나는 것으로 만족하는 사람들도 있다.

부록 2의 '영성 지도자를 찾는 법'을 읽어보라. 이것을 비롯한 다른 이슈들을 거기에 다루었다. 현재 당신에게 개인적인 영성 지도자가 있든 없든, 당신은 자신의 영적인 삶을 다른 사람들과 함께 듣고 나누는 법을 배울 수 있다.

▌묵상과 일기 ▶ ▶ ▶

- 나는 어떻게 하나님의 음성을 귀 기울여 듣고 있나? 현재 듣고 있는 내용은 무엇인가?

- 당신 자신이 아름답지만 아직 형체가 없는 대리석 덩이라고 상상
  해보라. 당신 안의 사자를 드러내기 위해서 하나님이 깎아내셔야
  할 것들은 무엇일까?
- 영성 지도자와 함께 탐색하고 싶은 그 밖의 다른 의문들은 무엇인
  가?

하나님의 사랑을 받다
_ 기도하기

✱ 기도는 훈련이다. 훈련이란 하나님과의 만남에 울타리를 두른다는 뜻이다.

　어느 날 한 젊은 도망자가 적을 피하여 숨으려고 어느 작은 마을에
들어갔다. 사람들은 그에게 친절을 베풀어 묵을 곳을 마련해주었다.
그러나 도망자를 찾는 군사들이 그가 어디 있느냐고 묻자 모두들 잔
뜩 겁에 질렸다. 군사들은 동트기 전까지 그 젊은이를 넘겨주지 않으
면 마을에 불을 지르고 부락민을 모두 죽이겠다고 위협했다. 사람들
은 랍비에게 가서 대책을 물었다. 청년을 적에게 넘겨야 할지 아니면
한 동네 사람들을 죽게 두어야 할지 진퇴양난의 상황에서 랍비는 자
기 방으로 물러나 동트기 전까지 답을 얻기를 바라며 성경을 읽었다.

새벽녘에 이런 말씀이 그의 눈에 들어왔다. "한 사람이 죽는 것이 온 백성이 망하는 것보다 낫다."

그래서 랍비는 성경을 덮고 군사들을 불러 청년이 숨은 곳을 일러 주었다. 군사들이 도망자를 죽이려고 끌고 간 후에 마을에는 잔치가 벌어졌다. 랍비가 사람들의 목숨을 구했기 때문이다.

그러나 랍비는 즐거워하지 않았다. 그는 깊은 시름에 잠겨 자기 방에 남아 있었다. 그날 밤에 천사가 그를 찾아와서 물었다. "네가 무엇을 하였느냐?" 그는 "도망자를 적에게 넘겼습니다"라고 말했다. 그러자 천사가 말했다. "네가 넘긴 사람이 메시아임을 모른단 말이냐?" 랍비는 불안스레 대답했다. "어떻게 알 수 있습니까?" 그러자 천사가 말했다. "성경을 읽는 대신 단 한 번이라도 그 젊은이를 찾아가서 그의 눈을 들여다보았다면 너는 알았을 것이다."[10]

일상생활 속에서 우리는 우리가 만나는 사람들, 뭔가를 피하여 달아나고 있는 사람들까지도 그들의 눈을 더 깊이 들여다보며 그 안에서 하나님의 얼굴을 보도록 도전받고 있지 않은가? 그들 또한 하나님의 사랑받는 자녀임을 알기만 해도 우리는 그들을 적에게 넘기지는 않을 것이다. 우리는 또한 하나님이 우리를 보시는 방식, 즉 우리를 사랑과 수용과 인정을 받는 자, 구원을 얻기에 합당한 자로 보시는 방식을 더 깊이 헤아리도록 도전과 자극을 받고 있지 않은가? 우리도 그 도망자처럼 메시아를 닮은 자들이 아닌가?

너는 내 사랑하는 자라

요한이 요단강에서 사람들에게 세례를 줄 때에 예수님도 세례를 받으러 오셨다. "예수도 세례를 받으시고 기도하실 때에 하늘이 열리며 성령이 형체로 비둘기 같이 그의 위에 강림하시더니 하늘로서 소리가 나기를 '너는 내 사랑하는 아들이라, 내가 너를 기뻐하노라' 하시니라"(눅 3:21-22).

그리스도인으로서 나는 예수님의 공생애의 결정적인 순간은 세례를 받으시며 하나님께 "이는 내 사랑하는 아들이요 내 기뻐하는 자라"는 인정의 말씀을 들으시던 때였다고 굳게 믿는다. 그 핵심적인 체험을 통하여 예수님은 자신의 참 존재를 깊고 깊은 방식으로 깨달음을 얻으신다.

우리 각자 안에는 "너는 하나님의 사랑받는 자라!"고 말씀하시는 주님의 내적인 음성이 있다. 당신이 사랑받는 자녀라는 사실을 주장하기 바란다. 당신은 하등 무익한 이런저런 추구에 빠질 필요가 없다. 조종하는 세상의 피해자가 되거나 어떤 종류의 중독에 갇힐 필요도 없다. 원하기만 하면 당신은 참된 내적 자유를 찾아 지금이라도 손을 내밀 수 있다. 그리고 어느 때보다도 더 풍성하게 그것을 얻을 수 있다.

누가복음 3장에 예수께서 세례 받으시는 이야기가 나온다. 이 복음서 말씀을 나는 여러 해 동안 읽고 묵상하고 가르쳤지만, 그것이 나 자신의 종교적 전통의 울타리를 훨씬 벗어나는 의미를 띠게 된 것은 세월이 흘러서였다. "너는 내 사랑하는 자라"는 하나님의 말씀 속에 모든 인간들에 대한 가장 깊은 진리가 계시된다. 그들이 어느 특정한 전통에 속해 있든 그렇지 않든 상관없다. 궁극적인 영적 유혹은 우리 자신에 대한 이

근본 진리를 회의하고 그 밖의 다른 정체들을 믿게 하려는 것이다.

우리는 때로 "나는 누구인가?"라는 물음에 "내가 하는 일이 곧 나"라고 답한다. 좋은 일들을 하고 제법 성공하면 나 자신에 대하여 기분이 좋아진다. 그러나 실패하면 우울해지기 시작한다. 그러다가 나이가 더 들어 별로 할 수 있는 일이 없어지면, 우리가 할 수 있는 말이라고는 이 것뿐이다. "내 평생에 한 일을 보라…… 보라, 보라, 보라. 나는 뭔가 좋은 일을 했다."

또 우리는 "남들이 나에 대해서 하는 말이 곧 나"라고 말할 수도 있다. 사람들이 당신에 대해서 하는 말에는 대단한 위력이 있다. 사람들이 좋게 말해주면 당신은 아주 가뿐하게 활보할 수 있다. 그러나 누군가 당신에 대하여 부정적인 말을 시작하면 당신은 슬퍼지기 시작할 것이다. 누군가 당신을 비방하면 그것이 마음속에 깊은 상처가 된다. 다른 사람들이 당신을 좋게 말하든 나쁘게 말하든, 그것으로 자신의 정체를 결정지을 까닭이 무엇인가?

당신은 또 "내가 가진 것이 곧 나"라고 말할 수도 있다. 예를 들어서 나는 네덜란드 사람이고, 자상한 부모를 두었고, 좋은 교육을 받았고, 건강이 좋은 편이다. 그러나 그 중에 하나라도 잃는 순간, 즉 가족이 죽거나 내 건강이 나빠지거나 재산을 잃는다면, 나는 내적 어두움에 빠질 수 있다.

'내가 하는 일이 곧 나'라든지 '남들이 나에 대해서 하는 말이 곧 나'라든지 '내가 가진 것이 곧 나'라는 식으로 자신을 정의하려고 우리는 얼마나 많은 에너지를 쏟고 있는 것일까? 그렇게 되면 삶은 기복의 연속일 때가 많다. 사람들이 나에 대해서 좋게 말하면, 내가 좋은 일들을 하면, 내게 많은 것이 있으면, 나는 아주 흥분하여 기분이 상승된다. 그러나 상실이 시작되면, 어떤 업무를 내가 더 이상 할 수 없음을 갑자기 깨닫게 되면, 사람들이 나를 비방하는 것을 알게 되면, 친구들을 잃으면, 나는 구덩이에 빠져든다.

당신에게 하고 싶은 말은 이런 지그재그식 접근이 몽땅 잘못되었다는 것이다. 나는 내가 하는 일이 아니다. 당신도 당신이 하는 일이나 남들이 당신에 대하여 하는 말이나 당신이 소유한 것이 아니다. "너는 하나님의 사랑받는 자라!" 사랑에 담긴 모든 부드러움과 힘으로 당신에게 들려주시는 그 말씀을 당신이 들을 수 있기를 바란다. 내 유일한 소원은 "너는 사랑받는 자라!"는 이 말씀이 당신 존재의 구석구석에 울려퍼지게 하는 것이다.

위에서 그리고 안에서 말씀하시는 음성은 "너는 내 사랑받는 아들딸이요 내 기뻐하는 자라"고 부드럽게 속삭이거나 또는 큰 소리로 외친다. 그 음성을 듣기란 정말 쉽지 않다. "너는 쓸모없다, 못생겼다, 무익하다, 비루하다, 반대 증거를 내놓지 않는 한 너는 있으나마나 한 존재다"라고 외치는 소리들이 세상에 가득하기 때문이다.

그런 부정적인 소리들이 하도 크고 집요하다 보니 정말 그렇게 믿기 쉽다. 바로 자기거부의 덫이다. 도망자가 되어 당신의 가장 참된 정체를 피하여 숨게 하는 덫이다.

영적인 삶의 가장 큰 적은 자기거부다

누가복음에 기록된 예수님의 광야에서 받은 시험은 그분에게서 그 핵심 정체를 앗아가려는 유혹이다. 자신을 다른 존재로 믿으라는 유혹이다. "너는 돌로 떡을 만들 수 있는 자다. 성전에서 뛰어내릴 수 있는 자다. 다른 사람들로 네 권세에 절하게 만들 수 있는 자다." 그러나 예수님은 "아니다, 아니다, 아니다. 나는 하나님의 사랑받는 자다"라고 말씀하셨다. 그분의 전 생애는 범사의 한복판에서 끊임없이 그 정체를 주장하고 있다고 나는 믿는다. 그분은 칭찬받으실 때도 있었고 멸시받거나 거부당할 때도 있었지만, 늘 이렇게 말씀하신다. "다른 사람들은 나를 버리겠지만 내 아버지는 나를 혼자 버려두지 않으신다. 나는 하나님의 사랑받는 아들이다. 나는 그 정체 속에서 찾은 희망이다."

삶의 가장 큰 덫은 성공이나 인기나 권세가 아니라 자기거부, 곧 자신의 참 존재를 회의하는 것이다. 성공과 인기와 권세도 과연 큰 유혹일 수 있으나 그 유혹의 질은 그것들이 자기거부라는 훨씬 큰 유혹의 일부라는 데에 있다. 우리를 무익하고 사랑받지 못할 존재라고 부르는 소리들을 우리가 믿게 되면, 성공과 인기와 권세가 어느새 매력 있는 해답으로 다가온다.

우리는 이 자기거부의 유혹에 얼마나 빨리 굴하던가. 일례로 나는 이런 기억이 있다. 내가 수많은 사람들에게 강연을 하고 나면 많은 사람들이 "정말 좋은 말씀이었다"고 말하곤 한다. 그러나 한 사람이 일어나서 "내가 보기에는 다분히 허튼 소리요"라고 말한다면 내 기억에는 그 사람만 남는다. 비판받거나 거부당하거나 혼자 남았다고 느껴질 때마다 나는 이런 생각이 든다. '내가 아무것도 아니라는 또 하나의 증거야.' 나는 상황을 객관적으로 보거나 나 자신과 다른 사람들의 한계를 이해하려고 하기보다는 나 자신을 비난하는 경향이 있다. 내가 한 일에 대해서만이 아니라 내 존재 자체에 대해서 말이다. 내 자기거부는 이렇게 말한다. "나는 아무짝에도 쓸모없는 존재다. 옆으로 밀려나고 잊혀지고 거부당하고 버림받아 마땅하다."

당신 안에서도 자기거부의 유혹이 혹 보이는가? 그것이 교만으로 나타나든 낮은 자존감으로 나타나든 말이다. 자기거부는 자신감 부족으로 나타날 수도 있고 지나친 자만심으로 나타날 수도 있다. 둘 중 어느 쪽도 우리의 핵심 정체의 진정한 투영은 아니다. 자기거부를 그저 정서가 불안한 사람의 신경증적인 표출로 볼 때가 많다. 그러나 대개 신경증은 인간의 훨씬 깊은 어둠의 정신적 징후다. 그 어둠은 인간 실존 안에서 자신이 참으로 환영받지 못한다는 느낌이다.

자기거부는 영적인 삶의 가장 큰 적이다. 우리를 사랑받는 자로 선포하시는 거룩한 음성을 그것이 반박하기 때문이다. 우리 실존의 핵심 진리는 사랑받는 자로 표현된다. 우리는 한계와 영광을 둘 다 지닌 피조물로서 사랑받는 존재다.

내가 이것을 아주 직선적이고 단순하게 제시하는 이유가 있다. 사랑받는 자라는 경험이 나의 삶에 완전히 부재한 적은 한 번도 없었지만, 그럼에도 불구하고 나는 그것을 내 핵심 진리로 주장하기에는 더뎠다. 내가 사랑받는 자임을 납득시켜줄 수 있는 다른 것 내지 다른 사람을 찾아서 나는 계속 그 주변을 맴돌았다. 마치 내가 내 존재의 가장 심연에서 들려오는 "너는 내 사랑하는 자요 내 기뻐하는 자라"는 음성을 일부러 계속 듣지 않고 있는 것 같았다.

나를 사랑받는 자라고 부르는 그 부드럽고 세미한 음성은 수없이 많은 방식으로 나를 찾아왔다. 나의 부모, 친구들, 스승들, 제자들, 나와 마주친 많은 낯선 사람들이 모두 서로 다른 어조로 그 목소리를 냈다. 많은 사람들이 아주 자상하고 친절하게 나를 돌봐주었다. 줄곧 인내하고 참으며 나를 가르치고 지도해주었다. 당장 포기하고 싶을 때면 내게 계속 걸어가도록 힘을 주었고, 실패할 때면 다시 해보라고 나를 설득해주었다.

강박증은 하나님과의 관계를 멀게 한다

자신의 참 정체를 회의하게 하는 유혹과 결부되어 강박증의 유혹이 있다. 당신도 나처럼 어떤 사람이나 물건이나 사건이 나타나서 당신이 갈망하는 그 최후의 내적 행복감을 가져다주기를 바라고 있지 않은가? 당신도 종종 '이 책, 아이디어, 강좌, 여행, 직업, 나라, 관계가 내 가장 깊은 갈망을 채워주겠지' 하고 바라지 않는가? 그러나 그 신비의 순간을 기다리고 있는 한 당신은 늘 불안하고 초조하게, 늘 욕심과 분노에 차서, 계속 허둥지둥할 것이고 절대 온전한 만족이 없을 것이다. 당신도 알다시피 이것은 강박증이다. 강박증 때문에 우리는 계속 바삐 움직이면서도 동시에 도대체 장기적으로 진전이 있는지 의문이 든다. 이것은 영적 고갈과 탈진의 길이다. 영적 죽음의 길이다.

당신과 나는 자신을 탈진하고 분열시킬 필요가 없다. 우리는 사랑받는 자다. 부모, 스승, 배우자, 자녀, 친구가 우리를 사랑하거나 우리에게 상처를 입히기 오래 전부터 우리는 친밀한 사랑을 받았다. 그것이 우리 삶의 진리다. 당신 자신의 것으로 주장해야 할 진리다. "너는 내 사랑하는 자라"는 음성 속에 담긴 진리다.

그 음성을 내면으로 아주 귀 기울여 듣노라면 내 중심에 이런 말씀이 들려온다. "태초로부터 나는 너를 이름으로 불렀다. 너는 내 것이고 나는 네 것이다. 너는 내 사랑하는 자요 내 기뻐하는 자다. 나는 땅의 깊음 속에서 너를 빚었고 너의 모태에서 너를 조직하였다.

나는 너를 내 손바닥에 새겼고 내 품의 그늘에 너를 숨겼다. 나는 무한한 애정으로 너를 보고, 자식을 향한 어머니의 사랑보다도 더 친밀한 사랑으로 너를 보살핀다. 나는 네 머리털까지 다 세었고, 걸음마다 너를 인도해왔다. 네가 어디를 가든지 내가 함께 가고, 네가 어디서 쉬든 지 내가 지켜준다. 나는 너에게 네 모든 굶주림을 채워줄 음식과 네 모든 목마름을 식혀줄 음료를 주겠다. 나는 너에게 내 얼굴을 숨기지 않겠다. 내가 너를 내 것으로 알듯이 너도 나를 네 것으로 안다.

너는 내게 속하였다. 나는 네 아버지, 네 어머니, 네 형제, 네 자매, 네 연인, 네 배우자다. 그렇다. 심지어 네 자녀다. 네가 어디에 있든지 나도 거기 있을 것이다. 아무것도 우리를 갈라놓을 수 없다. 우리는 하나다."

사랑받는 자는 꾸준히 기도한다

사랑하는 친구여, 사랑받는 자라는 정체야말로 성령의 삶의 기원이

자 완성이다. 이렇게 말하는 이유가 있다. 그 진리를 살짝 엿보는 순간 우리는 그 진리의 충만함을 찾는 여정에 오르게 되며, 그 진리 안에서 쉼을 얻기까지는 쉬지 않게 된다. 사랑받는 자라는 진리를 주장하는 순간 우리는 그 정체다워져야 할 소명에 마주서게 된다. "오 하나님, 제 영혼은 하나님 안에서 쉬기까지는 쉼을 모릅니다"라고 한 어거스틴의 말 속에 이 여정이 잘 담겨 있다. 내가 늘 하나님을 추구하고 있고, 늘 사랑의 충만함을 발견하려고 씨름하고 있고, 늘 온전한 진리를 열망하고 있다는 사실은, 곧 이미 나에게 하나님과 사랑과 진리의 첫 맛이 주어졌다는 뜻이다. 이미 어느 정도 발견한 것만 구할 수 있는 법이다.

우리 모두의 내면 깊은 곳에는 잃어버린 낙원에 대한 기억이 있다. 낙원이라는 말보다 순수라는 말이 더 맞을지도 모른다. 우리는 죄책감이 들기 시작하기 전에 순수했었다. 우리는 어둠 속에 들어가기 전에 빛 가운데 있었다. 우리는 집을 찾기 시작하기 전에 집에 있었다. 우리의 생각과 마음속 깊은 곳에, 한때 우리에게 있었고 지금 우리가 찾고 있는 보물이 숨어 있다. 우리는 그것이 값진 것임을 안다. 우리가 가장 갈망하는 선물이 그 속에 들어 있음도 안다. 그것은 바로 육체적 죽음보다 강한 영적 삶이다.

우리가 이미 사랑받는 자일 뿐만 아니라 또한 사랑받는 자가 되어가야 한다는 것이 사실이라면, 우리는 이 되어가는 과정을 어떻게 이해할 수 있을까? 사랑받는 자가 되어간다는 것은 내 모든 언행심사에 내가 사랑받는 자라는 진리가 배어들게 하는 것이다. 그것은 길고 험난한 적용, 아니 차라리 성육신의 과정이다. 그리고 그 과정에는 기도의 꾸준한 실천이 요구된다.

순종하는 마음으로 귀 기울여 듣는 기도 훈련

당신을 사랑하는 자라 부르시는 음성을 귀 기울여 잘 들을 때마다 당신은 그 음성을 더 오래 더 깊이 듣고 싶은 내면의 갈망을 만나게 된다. 이것은 사막에서 우물을 발견하는 것과 같다. 일단 비옥한 토층에 닿으면 더 깊이 파고 싶어지는 법이다. 이렇게 지하수를 찾아 파는 작업이 곧 기도 훈련이다.

나는 기도를 그 음성, 나를 사랑하는 자라 부르시는 분의 음성을 듣는 것으로 정의하게 되었다. 기도 훈련이란 끊임없이 우리 존재의 실상으로 돌아가 그것을 내 것으로 주장하는 것이다. 내 인생의 뿌리는 내 영적 정체에 있다. 우리는 우리의 첫사랑으로 돌아가야 하며, 꾸준히 그 핵심 정체의 자리로 돌아가야 한다.

나는 기도란 순종의 마음으로 듣는 것, 귀 기울여 잘 듣는 것이라고 자주 말했다. 예수님은 아버지의 음성을 순종의 마음으로 들으신다. 그분은 아버지의 인정의 말씀을 계속 들으신다. 기도는 하나님의 음성을 듣는 당신에게 애틋한 사랑의 감정이 있다는 뜻이 아니다. 그런 감정은 있을 때도 있고 없을 때도 있다. 기도는 훈련이다. 훈련이란 하나님과의 만남에 울타리를 두른다는 뜻이다. 하나님을 만날 길이 없을 만큼 우리의 시간과 장소가 다른 것들로 꽉 차 있어서는 안 된다. "좋든 싫든, 원하든 원치 않든, 만족이 있든 없든, 지금은 하나님과 함께 있는 시간이다"라고 말하려면 그만큼 고된 노력이 필요하다. 하나님과 함께 고독의 자리로 돌아가서 당신의 참 정체를 주장해야 한다.

하나님의 사랑받는 자로서 우리는 자신이 사랑받는 자임을 어떻게 주장할 것인가? 내 경우는 예수께서 세례 받으실 때 들으신 바로 그 말씀을 날마다 되풀이하는 것에서부터 시작한다. 그 말씀은 나와 당신에게 주는 말씀이기도 한 까닭이다. "너는 내 사랑하는 아들이라. 내가 너를 기뻐하노라." 날마다 몇 분이라도 기도하며 하나님의 크신 사랑을 묵상하라.

헨리 나우웬의 영성 교실

오늘의 할 일 ▶

'사랑받는 자의 기도'로 기도하여 궁극의 인정을 받으라. 아서 르클 레어Arthur LeClair가 작성한 세 부분으로 된 이 묵상 안내는 고독 속에서 사용해도 좋고, 영성 지도자와 함께 사용해도 좋고, 기도 소그룹에서 사용해도 좋다.[11]

긴장을 풀고 편하게 앉는다. 어떤 식으로든 하나님의 사랑이 나타 날 것을 확신한다. 처음 10분 동안은 초조해할 것 없이 다음 말로 천 천히, 간절히 기도한다.

예수님, 예수님은 사랑받는 자이십니다.

그 말을 필요한 만큼 반복한다. 말없는 감사와 찬양이 마음에 가득 차오르게 한다. 잡념이 떠오르면 그냥 지나가게 둔다. 강하게 밀려올 때도 똑같이 한다. 그렇게 두면 얼마 후부터 잡념이 점점 덜 긴박해 보일 것이다. 단순히 이 귀한 순간 속에 예수님과 함께 있는다.

이제, 거창할 것 없이 가만히 다음 10분으로 넘어간다. 바울은 로 마서 9장 25절에 우리도 사랑받는 자가 되도록 예정되었음을 상기시킨다. 이 장면의 아름다움에 또 다른 색채가 더해진다.

예수님, 저는 사랑받는 자입니다.

당신 존재의 중심에 하나님의 은혜를 흠뻑 빨아들인다. 처음에는 이 전환이 어색해 보일 수도 있다. 그러나 기도의 깊이 안에 쉬면서 이 진리가 잦아들게 한다.

다시 다음 10분으로 넘어간다. 한때 나는 이 부분에서 마음이 산만 해질 줄로 생각했으나 오히려 다른 사람들과의 풍성하고 거룩한 소통이 이루어지는 것을 발견했다.

예수님, 우리는 모두 사랑받는 자입니다.

당신의 마음속에 사람들을 들여놓는다. 이웃, 친구, 친척, 조간신문에서 읽은 사람 등 아무라도 좋다. 그 누구도 배제하지 않는 것이 중요하다. 주목해야 할 사람들을 당신의 마음이 알아서 표면에 떠올려 줄 것이다.

끝으로, 간단히 감사의 말이나 주기도문으로 마친다.

이 기도는 개인적으로 해도 좋고 그룹으로 해도 좋다. 출근길에 해도 좋고, 조용한 새벽에 해도 좋고, 밤에 자리에 눕기 전에 해도 좋다. 그룹으로 할 경우, 당신도 알게 되겠지만, 멤버들은 깊이 들어갔던 데서 천천히 나오게 되며, 다시 입을 열기 전에 침묵의 공간이 필요하다.

이 기도를 사용해온 사람들은 내면에 일어나는 깊은 치유에 대하여 말한다. 장기간 이 기도를 꾸준히 계속하면, 이 우주에서 내 자리가 어디인지 더욱 명료한 이해를 가지고 살아가게 될 것이다.

묵상과 일기 ▶ ▶ ▶

- '나는 누구인가?'라는 질문에 두 문장으로 답을 써보라. 당신이 무엇을 소중하게 여기는지 그 답 속에 어떻게 나타나는가?
- 당신의 삶에서 당신이 가장 자기기만에 빠지기 쉬운 부분들은 어디인가?

04
Spiritual Direction

예수님의 마음을 닮다
_ 사랑하기

✲ 잊지 말라. 당신은 영원부터 영원까지 하나님께 속해 있다. 당신은 태어나기도 전부터 하나님의 사랑을 받았고, 죽은 지 오랜 후에도 하나님의 사랑을 받을 것이다.

영적인 삶에 관한 학과목들을 가르칠 때면 나는 때로 칠판 왼쪽 끝에서 오른쪽 끝까지 기다란 직선을 긋고 이렇게 설명하곤 했다.

"이것은 하나님 안의 우리의 영원한 삶입니다. 여러분은 영원부터 영원까지 하나님께 속해 있습니다. 여러분은 태어나기도 전부터 하나님의 사랑을 받았고, 죽은 지 오랜 후에도 하나님의 사랑을 받을 것입니다."

그러고 나서 나는 그 선의 작은 부분에 표시한 뒤 이렇게 말했다.

"이것은 여러분의 인생입니다. 하나님 안의 전체 삶의 일부분일 뿐이지요. 여러분이 그저 20년, 40년, 60년, 80년이라는 짧은 시간 동안 이곳에 있는 것은 자신이 하나님의 사랑받는 자녀라는 것을 발견하고 믿기위해서입니다. 시간의 길이는 중요하지 않습니다. 삶이란 그 몇 년 동안 여러분이 하나님께 '저도 하나님을 사랑합니다'라고 말할 수 있는 짧은 기회일 뿐입니다."

이 진리의 한 비유로 나는 라르슈L'Arche에서 만난 애덤이라는 내 친구의 실화를 소개하고 싶다.[12] 마치 하나님이 이야기하시듯 그분의 시점으로 말하려고 한다. 애덤에 대한 하나님의 이야기는 위에서 난 것으로 오직 그분만이 다 이야기하실 수 있다. 우리가 힘써 들어야 할 이야기다.

하나님의 사람, 나의 스승 애덤 이야기

내가 애덤을 그 부모에게 맡기기 아주 오래 전부터, 그가 동료 인간들 사이에 태어나기 오래 전부터, 나는 그를 알았고 그를 사랑했다. 그는 나의 사랑받는 자녀로 내게 속하였다. 나는 모든 영원부터 내 마음과 생각 속에 그를 품었고, 내 눈동자처럼 그를 보살폈다. 그러던 어느 날 나는 그를 지구별에 보내어 사람들 속에서 살게 했다. 그는 고통으로 부름 받은 사람이었기에 나는 한 자애로운 여자와 자상한 남자를 그의 부모로 삼아 그를 맡겼다. 나는 그를 그 약하디 약한 모습을 통하여 내 사랑의 메시지를 전할 무언의 증인으로 보냈다. 깨어진 모습 속에 숨은 선물을 온전히 받을 줄 아는 사람이 별로 없다는 것을 나는 안다. 그래서 나는 아주 신중을 기하여 그 두 사람을 부모로 택했다. 나를 도와서 그 선물을 세상에 드러낼 수 있도록 말이다.

34년 동안 애덤은 형제자매들 속에서 살았다. 그는 말하거나 혼자 힘으로 걷거나 규칙적으로 학교에 다니거나 취직하거나 생활비를 벌거나 처자식을 둘 수 없었다. 그는 강연도 하지 않았고 책도 쓰지 않았고 상도 받지 않았다. 내 사랑의 말없는 증인으로 사람들 속에 있었을 뿐이다.

그러다가 1996년 2월 13일, 나는 애덤이 자신의 사명을 다 이룬 것을 보고 그를 다시 집으로, 내 곁으로 불렀다. 나는 그에게 목소리를 주어, 자신이 지상에서 경험한 모든 일을 나에게 말할 수 있게 했다. 그것도 내 앞에서 걷고 뛰고 춤추어 만인을 기쁘게 할 수 있는 몸으로 말이다. 그가 다시 돌아와서 나는 아주 기쁘다. 자신도 그 자리에 있어보았으므로 앞으로 그가 자기를 사랑하고 돌보아준 모든 사람들은 물론 자기처럼 깨어진 모습을 한 모든 사람들에게도 특별히 관심을 기울일 것을 나는 확실히 안다.[13]

당신은 위에서 난 이 이야기를 들을 준비가 되어 있는가? 이 이야기 속에 하나님의 사랑받는 친아들이신 예수님의 이야기가 메아리치지 않는가? 이것은 당신의 이야기이고 나의 이야기가 아닌가? 애덤의 이야기, 당신의 이야기, 나의 이야기, 그리고 예수님의 이야기가 사실은 하나의 동일한 이야기라는 비밀을 우리가 발견할 때에, 미소 지으시는 하나님의 모습이 상상되는가? 우리 모두는 시간 전부터, 시간을 초월하여 하나님의 사랑을 받아왔다. 주께서 선지자 예레미야를 통하여 말씀하신 대로 "내가 무궁한 사랑으로 너를 사랑하였노라"(렘 31:3). 또 시편기자는 이렇게 선포한다. "주께서 내 장부를 지으시며 나의 모태에서 나를 조직하셨나이다"(시 139:13). 우리에 대한 하나님의 이야기를 보고 듣고 믿는 데에 때로는 평생이 걸린다.

부르심에 진지하게 임하다

인생의 시작부터 내면의 두 목소리가 내게 말을 해왔다. 하나는 말한다. "헨리, 네 힘으로 해야 한다. 독립적인 인간이 되어야 한다. 너는 내게 자랑스러운 존재가 되어야 한다." 또 한 목소리는 말한다. "헨리, 무슨 일을 하든지, 설령 세상이 보기에 흥미진진한 일을 전혀 하지 않을지라도, 너는 예수님의 마음에 바짝 붙어 있어야 한다. 하나님의 사랑에 바짝 붙어 있어야 한다."

분명히 우리 모두는 어느 정도 이 두 목소리를 듣는다. 하나는 "네 삶으로 뭔가를 해보이라, 출세하라"고 말한다. 또 하나는 "네 근원과 소명을 절대로 놓치지 말라"고 말한다. 여기 갈등과 긴장이 있다.

처음에 나는 일인이역 사제, 즉 사제이자 심리학자가 됨으로써 그것을 풀려고 했다. 사람들이 "우리는 주변에 사제들이 있는 게 썩 달갑지 않다"고 말하면, 나는 "하지만 나는 심리학자다. 복잡한 사안들에도 분명 일가견이 있다. 그러니 나를 비웃거나 무시하지 말라"고 대답할 수 있었다.

인생 초반에 나는 공부하고 그 다음에 가르치고 그 다음에 제법 유명해져서 노트르담과 예일과 하버드대학교에서 가르침으로써 나의 부모에게 큰 기쁨을 주었다. 그렇게 해서 나는 많은 사람들을 기쁘게 했고 나 자신까지 그것에 만족했다. 그러나 올라가는 사다리 어딘가에서 나는, 내가 여전히 나의 핵심 정체와 소명과 이어져 있는지 의문이 들었다. 수많은 사람들에게 겸손에 대해 강의하면서 동시에 사람들이 나를 어떻게 볼지 의식하는 나 자신을 보면서 나는 그런 쪽에 눈이 뜨이기 시작했다.

나는 평안하지 못했다. 사실 나는 길을 잃은 심정이었다. 내가 속한 곳이 어디인지 몰랐다. 강단에서는 제법 잘했지만 내 마음속에서는 늘 그렇게 잘하지 못했다. 나는 어쩌면 내 직업이 내 소명에 방해가 되는 것이 아닌가 하는 의문이 들기 시작했다. 그래서 기도를 시작했다. "주 예수님, 주님은 저를 아시며 영원한 사랑으로 사랑하십니다. 제가 어디로 가기를 원하시는지 알려주십시오. 그러면 주님을 따라가겠습니다. 단, 분명히 보여주십시오. 애매한 메시지는 안 됩니다!" 나는 계속해서 그렇게 기도했다.

하루는 아침 9시에 누군가가 내 작은 아파트의 초인종을 울렸다. 문을 열어보니 한 젊은 여자가 서 있었다.

"당신이 헨리 나우웬이십니까?"

"예, 그렇습니다."

"저는 장 바니에의 안부를 전하러 왔습니다." 여자가 말했다.

장 바니에라면 당시의 나로서는 전혀 모르는 사람이었다. 그가 라르슈 공동체의 설립자이며 정신지체 장애인들을 돕고 있다는 말은 들었지만 그게 내가 아는 전부였다.

나는 말했다. "아, 친절을 베푸시니 감사합니다. 제가 해드릴 일이라
도?"

"아니, 아닙니다." 여자가 대답했다. "저는 장 바니에의 안부를 전하
러 왔습니다."

내가 다시 말했다. "친절을 베푸시니 감사합니다. 저에게 강연이나
원고나 강의를 부탁하시게요?"

"아니, 아닙니다." 여자는 힘주어 말했다. "저는 그저 장 바니에의 안
부를 알리고 싶을 뿐입니다."

여자가 돌아가자 나는 의자에 앉아서 생각했다. '이거야말로 뭔가 특
별하군. 아무래도 하나님이 내 기도에 응답하고 계신 거야. 내게 메시지
를 보내셔서 나를 뭔가 새로운 것으로 부르시는 거야.' 나는 새로운 직
책을 맡거나 또 하나의 프로젝트를 해달라는 부탁을 받은 것이 아니었
다. 누군가에게 유용한 존재가 되어달라는 부탁도 아니었다. 단지 내게
줄 메시지가 있는 어떤 다른 사람과 사귀어보라는 초청일 뿐이었다.

3년 후에 나는 무언으로 이루어지는 어느 침묵 피정에서 드디어 장
바니에를 만났다. 끝나고 나서 장이 말했다. "헨리, 어쩌면 라르슈가 당
신에게 집이 되어줄지도 모르겠습니다. 당신이 정말로 안전한 곳, 전혀
새로운 방식으로 하나님을 만날 수 있는 곳 말입니다." 그는 나에게 유
용한 존재가 되어달라고 하지 않았다. 장애인들을 위하여 일해달라고
하지 않았다. 또 하나의 사제가 필요하다고 말하지도 않았다. "어쩌면
우리가 당신에게 집이 되어줄지도 모르겠다"고 말했을 뿐이다.

점차 나는 그 부르심에 진지하게 임해야 함을 깨달았다. 나는 하버드 대학교를 떠나서 프랑스 트로슬리-브루일에 있는 라르슈 공동체로 갔다. 정신지체 장애인들 그리고 팔복의 정신대로 살고자 하는 봉사자들이 모인 그 공동체에서 1년을 보낸 후에 나는 캐나다 토론토 근교의 라르슈 공동체인 데이브레이크에서 사제로 살라는 소명에 응했다. 데이브레이크는 장애인 150여 명과 봉사자 50여 명이 함께 사는 공동체였다.

이것이 내 식대로 말한 나의 이야기지만, 하나님께도 내 이야기가 있다. 내가 힘써 들어야 할 이야기다. 신성한 역사의 학교, 즉 하나님의 내 이야기에서 나의 스승은 그 공동체 가족 150명 중의 하나인 애덤이었다.

사랑은 가장 인간답게 사는 마음

라르슈에 도착하여 내가 처음 부탁받은 일은 애덤의 아침 일과를 돕는 것이었다. 하고 많은 이름 중에 애덤(아담)이라니! 인류 자체를 상대하는 느낌이었다. 24세의 애덤은 말도 못하고 걷지도 못했다. 혼자 옷을 입거나 벗지도 못했다. 눈으로 나를 따라오기는 했지만 정말로 나를 아는지도 확실히 알기 어려웠다. 그는 뒤틀어진 몸에 제약당하고 있었고, 자주 간질 발작을 일으켰다.

처음에 애덤과 함께 있을 때 나는 두려웠고, 그래서 그를 돕는 일이 쉽지 않았다. 차라리 나는 대학교에서 가르치는 일이 더 낫겠다고 생각했다. 그거라면 내가 잘 아는 일이 아닌가! 나는 다른 사람을 그토록 가까이에서 보살펴본 경험이 없었다. 다른 봉사자들은 이렇게 나를 안심시켜주었다. "걱정 마십시오. 곧 애덤을 정말로 만나게 될 것이고, 그러면 그를 부축하는 법, 그와 함께 있는 법을 알게 될 것입니다."

나는 아침 7시에 그의 방으로 갔다. 그리고 살살 그를 깨워서 일어나게 했다. 그를 부축하여 함께 화장실로 갈 때는 행여 발작을 일으킬까 두려워 극도로 조심했다. 그도 나만큼이나 몸이 무거운지라, 옷을 벗긴 후에 욕조에 들어가게 하려면 끙끙대야 했다. 우선 그에게 물을 부은 뒤, 씻기고, 머리를 감기고, 다시 밖으로 나오게 하여 양치질을 해주고, 머리를 빗기고, 도로 침대로 데려갔다. 그리고 옷을 입힌 다음, 뒤에서 부축하여 함께 주방으로 걸어갔다.

그가 무사히 식탁에 앉으면 나는 아침식사를 차려주었다. 그는 숟가락을 들어 입에까지 가져갈 수 있었다. 애덤은 먹기를 좋아했고 음식을 남김없이 다 먹었다. 그런 이유로 우리는 자주 함께 먹었고, 나는 그가 먹는 모습을 유심히 지켜보았다. 시간이 걸렸다. 나는 말없이 앉아서 누군가를 지켜본 적이 한 번도 없다는 사실을 깨달았다. 특히 아침식사를 하는 데 한 시간이 걸리는 사람은 더 말할 것도 없었다.

그러다 뭔가 변화가 찾아왔다. 두 주가 지나자 두려움이 약간 줄었다. 서너 주가 지나면서 나는 내가 애덤 생각을 많이 하고 있고, 그와 함께하는 시간을 고대하고 있음을 알기 시작했다. 우리 사이에 뭔가 일이, 하나님에게서 난 뭔가 친밀하고 아름다운 일이 벌어지고 있음을 깨달았다. 그것이 무엇인지 시원하게 설명할 방법을 알 수 없지만, 새로운 일이 벌어진 것은 분명했다.

하나님은 이 깨어진 사람을 통해서 새로운 방식으로 나에게 말씀하고 계셨다. 조금씩 조금씩 나는 나 자신 속의 애정을 발견했고, 애덤과 내가 서로 속한 자임을 믿게 되었다. 간단히 말해서 애덤은 하나님과 그분의 우정에 대해서 구체적인 방식으로 내게 침묵으로 말했다.

첫째, 그는 존재가 행위보다 중요함을 나에게 가르쳐주었다. 하나님이 내게 원하시는 것은 그분과 함께 있는 것이지 온갖 일을 해서 내 가치를 입증하는 것이 아니다. 내 인생은 행위, 행위, 행위의 연속이었다. 나는 늘 쫓기는 사람이다. 오만 가지 일이라도 해서 어떻게든 결국은 내 가치를 보이려고 하는 사람이다.

사람들은 "헨리, 잘했습니다"라고 말하곤 했었다. 그러나 이제 애덤과 함께하는 이곳에서 내가 들은 말은 "당신이 나와 함께 있는 한 당신이 무엇을 하는지는 상관없습니다"였다. 그저 애덤과 함께 있기만 하려니 쉽지 않았다. 별로 하는 일도 없이 단순히 누군가와 함께 있기란 쉽지 않은 법이다.

애덤은 내게 마음이 머리보다 중요하다는 것도 가르쳐주었다. 학구적인 문화에 젖어 있던 사람으로서는 배우기 어려운 교훈이다. 머리로 생각하고 논증하고 토론하고 집필하고 행동하는 것, 그것이 인간이다. 토마스 아퀴나스도 인간은 사유하는 동물이라고 하지 않았던가. 인생을 지적으로 보는 접근을 최고 우위에 두는 것이야말로 내 안에 깊이 새겨진 가치관이었다.

애덤이 어떻게 사고했는지는 확실히 모르지만 나는 애덤에게 마음, 진정한 인간의 마음이 있음을 점차 확신하게 되었다. 인간을 인간되게 하는 것은 사랑을 주고받을 수 있는 마음임을 나는 불현듯 깨달았다. 자신을 온전히 내 손에 맡김으로써 애덤은 신뢰하는 마음으로 내게 엄청난 양의 하나님의 사랑을 주고 있었고, 나는 나대로 애덤에게 내 사랑을 아낌없이 주고 있었다. 말이나 행위를 훨씬 넘어서는 친밀함이 있었다.

육체적 정서적 지적 도덕적 삶에 온통 주의가 팔리면 마음이 최고라는 것을 잊을 위험이 있다. 마음은 우리로 하여금 하나님은 물론 부모, 가족, 나 자신, 세상을 신뢰할 수 있게 해주는 하나님의 선물이다. 아주 어린 아이들은 하나님을 아는 깊고 직관적인 지식이 있는 듯 보이는데, 그 마음의 지식은 우리가 점차 획득하는 여러 사고 체계에 눌리고 흐려지기 일쑤다.

몸과 정신에 장애가 있는 사람들은 쉽게 마음으로 말할 수 있고, 그리하여 지적으로 똑똑한 많은 사람들이 다다를 수 없는 신비로운 삶을 드러낸다. 이것은 신비로운 삶, 곧 마음의 삶이 실존의 아주 시초부터 하나님에게서 기원하기 때문이다. 우리는 잉태되는 순간부터 하나님께 속한 자다. 우리는 사랑으로 우리를 창조하신 하나님과의 친밀한 교류 속에서 태어난다. 그리고 죽어서도 우리는 영원한 사랑으로 우리를 사랑하시는 하나님의 사랑의 품에 안기게 된다.

말하기 부끄럽지만, 애덤이 심신 장애인이라서 나와 대등한 인간이 못 된다는 생각에서부터 사실은 그가 내 형제라는 생각으로 옮겨가는 데 꽤 시간이 걸렸다. 그는 완전한 인간이었다. 하나님이 그분의 사랑의 도구로 택하실 만큼 완전한 인간이었다. 애덤의 연약한 모습은 오히려 마음의 자리를 터주었다. 나에게 애덤은 그저 마음이 되었다. 하나님이 택하여 거하시는 마음이었다. 애덤의 연약한 마음에 가까이 오는 사람들에게 하나님은 그 마음을 통하여 말씀하기 원하셨다.

몇 년 전에 내가 라틴아메리카에서 '가난한 사람들을 우선으로 택하시는' 하나님에 대하여 배웠던 교훈도 나는 다시 깨우쳤다. 사실 하나님은 가난한 사람들을 사랑하시며, 애덤을 아주 특별히 사랑하셨다. 그분은 애덤의 망가진 몸 안에 거하기 원하셨다. 그가 그 연약한 모습으로 강한 세상을 향해 말할 수 있도록, 그리고 사람들을 불러서 그들 또한 연약해지고 그래서 그 깨어진 모습을 하나님께 사역으로 드리게 하도록 말이다.

끝으로, 애덤은 내게 공동체에 대하여 뭔가 가르쳐주었다. 함께 일하는 것이 혼자 하는 것보다 중요하다는 것이다. 나는 혼자 힘으로 해내려고 안달하는 세상에 있다 왔으나, 여기 너무도 연약하고 무력하여 다른 사람들에게 의존해야 하는 애덤이 있었다. 게다가 나 또한 혼자서는 애덤을 도울 수 없었다. 애덤도 나도 여러 부류의 사람들이 필요했다. 라르슈 데이브레이크에는 브라질, 미국, 캐나다, 네덜란드에서 온 남녀노소의 사람들이 애덤을 비롯한 장애인들을 중심으로 한 집에 함께 살고 있었다. 우리 중의 가장 약한 고리인 애덤이 공동체를 만들어냈다. 그는 우리를 하나로 묶어주었다. 그의 필요와 연약함 덕분에 우리는 참된 사랑의 공동체에 들어갔다. 워낙 천차만별의 사람들이 모인 까닭에 애덤이 거기 없었다면 우리는 공동체로 살아남지 못했을 것이다. 그의 약함은 우리의 힘과 구심점이 되었다.

이것이 내가 하나님의 사랑받는 아들 애덤에게 배운 것이다. 나는 애덤이 죽기 10년 전부터 데이브레이크에 살았다. 그의 이야기는 내 연약함, 무력함, 의존성뿐 아니라 힘, 진실성, 은사에 대한 내 이야기이기도하다.

당신에 대한 하나님의 이야기가 당신의 이야기를 영적인 시각으로 보게 해줌을 당신은 감히 믿을 수 있는가? 그렇게 하는 한 가지 길은 당신의 개인적인 이야기를 기록하되 연약하고 깨어진 부분을 편집하지 않고 그렇게 하는 것, 그리고 기꺼이 그 이야기를 다른 사람들에게 들려주는 것이다. 이것이 세상에 증언하는 훈련이다. 나에 대한 하나님의 이야기를 진리로 믿는 가운데, 이제 나의 신성한 이야기를 내 나름대로 해 보려 한다.

나는 영원토록 하나님의 사람이다

내가 하나님의 사랑받는 자녀라는 확신은 내 믿음의 핵에 속한다. 괘도에 선을 하나 긋는다면 나는 이렇게 말하겠다. "이것이 내 인생, 내 작은 연대기, 시간의 내 작은 시한이다. 나는 1932년에 태어났고, 끝점은 언제일지 잘 모른다. 2010년일 수도 있고 그보다 이를 수도 있다. 이제 내게는 정말로 몇 년밖에 더 남지 않았다. 삶은 쏜살같이 빨리도 흘러간다."[14]

내 인생의 첫 24년은 기본적으로 천주교 사제가 되려고 준비하던 기간이었다. 나는 천주교 집안에 태어나 양육 받았고, 천주교 학교들에 다녔고, 천주교인들만 상대하는 삶을 살았다. 모든 울타리가 분명하던 시절이었다. 나는 개신교인이 아니라 천주교인이었고, 회교도나 불교도나 힌두교도가 아니라 그리스도인이었고, 불신자가 아니라 신자였고, 여자가 아니라 남자였고, 독일인이나 프랑스인이나 영국인이 아니라 네덜란드인이었고, 흑인이 아니라 백인이었다. 이런 아주 분명한 울타리들 덕분에 나는 내가 제자리에 있고, 온전히 보호받고 있으며, 아주 안전하다는 느낌을 얻었다.

나는 이혼한 사람이나 사제직을 그만둔 사람이나 동성애자인 사람을 한 번도 만나본 적이 없었다. 사제로서 내가 장차 하려는 일은 아주 분명했다. 나는 바른 가르침을 알았고, 도덕적인 삶을 사는 바른 길을 알았다. 6년간의 신학교 생활을 통해서 나는 두부 자르듯이 분명한 지침들을 배웠고, 동일한 지침들을 받은 사람들에 에워싸여 있었다. 복음을 선포하고 성례를 집전하는 일은 힘들지만 복잡하지는 않았고 내가 정말로 소명을 느끼는 일이었다. 나는 아주 행복한 사람이었고 하나님이 아주 가깝게 느껴졌다. 기도생활은 고도로 훈련되어 있었고 소명은 더할 나위 없이 분명했다. 나는 1957년 7월에 서품을 받았다.

서품을 받은 후에 나는 네덜란드의 네이메겐 가톨릭대학교에서 심리학을 공부했고 바티칸 공의회를 참관했다. 선박 여행사인 홀란드 아메리칸 라인에서 사목으로 일했고, 예비역 육군 군목이 되는 과정을 밟았다. 그후에 나는 몇 년간 미국 메닝거 클리닉에서 수학하며 종교와 정신의학의 관계를 연구했고 노트르담에서 2년, 예일에서 10년, 하버드에서 3년을 가르쳤으며 라틴아메리카에 몇 차례 다녀왔다.

그 모든 기간 동안에 나는 개신교인들도 천주교인들 못지않게 교회에 속해 있다는 것, 힌두교도와 불교도와 회교도들도 그리스도인들 못지않게 하나님을 믿는다는 것, 불신자들도 신자들 못지않게 서로 사랑한다는 것, 인간 정신이 다차원적이라는 것, 신학과 심리학과 사회학은 여러 곳에서 서로 교차한다는 것, 여자들도 사역에 진정한 소명이 있다는 것, 동성애자들도 기독교 공동체 내에서 독특한 소명이 있다는 것, 가난한 자들이 교회의 핵심에 든다는 것, 하나님의 성령은 임의로 찾아온다는 것을 배웠다. 내게 안전지대가 되어주던 많은 벽들이 이 모든 깨우침을 통해 서서히 허물어지면서 나는 하나님의 백성을 향한 그분의 언약에 모든 사람이 포함된다는 것을 깊이 깨우쳤다. 나 개인적으로 그것은 탐색과 의문과 종종 고민의 시간, 극도로 외로운 시간이었다. 내면에 불확실함과 모호함이 거세게 몰려드는 순간들도 있었다. 젊었을 때 내가 알았던 예수님은 사망하셨다.

1986년 캐나다 토론토의 라르슈 데이브레이크 공동체에 들어갈 때에 나는 새로운 집을 찾고 있었다. 그것이 내가 떠나온 옛 집일 수 없다는 것은 알았지만, 새로운 집이 어떠한 곳일지는 몰랐다. 종교와 배경과 소속 집단과 생활방식이 각기 다른 사람들로 구성된 매우 긴밀한 공동체 내에서 정신지체 장애인들과 봉사자들과 함께 마지막 몇 년을 지내는 동안, 내 마음은 불타기 시작했고, 예수님의 임재가 완전히 새로운 방식으로 인식되기 시작했다. 이 시기에 나는 많은 외로움과 많은 혼란과 많은 불안정을 경험했지만, 그 모든 슬픔을 가난한 사람들과 함께 살면서 경험했다. 그들은 단순함과 열린 마음으로 내게 공간을 내어주었는데, 그 공간이 점점 새로운 집이 되어갔다.

공동체에서 생활한 뒤로 내 영적 여정은 근본적으로 깊어졌고, 그 온전한 차원을 나는 아직도 다 설명할 수 없다. 그러나 공동체 사람들과 함께 사는 삶이 나를 전에는 될 수 없었던 방식으로 하나님의 증인이 되도록 부르고 있다는 것만은 안다. 지금 되돌아보면서 그제야 나는 인생이라는 시간표의 점들을 서로 이으며, 내 신성한 역사를 비로소 하나님의 관점에서 나에 대한 하나님의 이야기로 볼 수 있게 되었다.

이제 당신은 괘도 위의 내 인생 선보다 더 오른쪽까지 당신의 선을 그으며 "나는 여기까지 왔다"고 말할지 모른다. 그리고 내 선보다 약간 오른쪽에 끝점을 그리며 "앞으로 몇 년 더 남았다"고 말할지 모른다. 점들을 서로 이으며 당신의 이야기를 말하기 시작할 때, 당신이 알아두면 좋은 것이 있다. 인생이 비록 짧지만 당신이 어디서 왔고 어디로 가고 있는지 깨우치기에는 충분한 시간이라는 것이다.

잊지 말라. 당신은 영원부터 영원까지 하나님께 속해 있다. 당신은 태어나기도 전부터 하나님의 사랑을 받았고, 죽은 지 오랜 후에도 하나님의 사랑을 받을 것이다. 길든 짧든 당신의 한평생은 하나님 안의 당신의 전체 삶의 일부분일 뿐이다. 시간의 길이는 중요하지 않다. 삶이란 그 몇 년 동안 당신이 하나님께 "저도 하나님을 사랑합니다"라고 말할 수 있는 짧은 기회일 뿐이다.

헨리 나우웬의 영성 교실

오늘의 할 일 ▶

본인이 알고 있든 모르고 있든, 우리 모두에게는 하나님과 함께해온 역사가 있다. 하나님과 함께한 우리의 역사는 우리가 듣고, 읽고, 말하고, 생각하고, 기도하는 방식에 영향을 미친다. 우리의 개인적인 이야기가 독특하기는 하지만 그것은 더 큰 이야기, 우리의 삶에 대한 하나님의 이야기의 일부다.

자신의 신성한 역사를 주장하고 나눌 때에 우리는, 하나님께 우리 각자에 대한 더 큰 이야기가 있음을 다른 사람들에게 증거하는 것이다.

당신 자신의 영성을 탐색하고, 당신 자신의 이야기를 당신의 평생 동안에 생겨난 신성한 역사로 주장하기 바란다. 당신의 소그룹이나 영성 지도자에게 당신의 신성한 역사를 기록하여 나누는 데에 다음 질문들이 도움이 될 것이다.

1. 하나님과 함께해온 당신의 삶에서, 영적 여정의 중요한 순간들로 두드러지는 때는 언제 언제인가? 그 순간들을 간략히 기술하고, 그 주된 지적, 정서적, 영적 의미를 말해보라.
2. 영적인 삶의 세 가지 주요 훈련들(자신의 마음을 들여다보기, 책 속

에서 하나님을 보기, 공동체 안에서 이웃을 보기)을 생각할 때에, 당신의 가장 큰 은사들과 당신의 가장 큰 필요가 보이는 부분은 어디인가?

3. 당신의 영적 성장에 중요한 역할을 한 사람들, 책들, 운동들, 사상들은 무엇인가?

이 세 질문 중 하나에 기초하여 당신 자신의 신성한 역사에 대한 묵상을 당신의 일기장에 세 문단으로 적어보라. 그러고 나서 그것을 당신의 영성 지도자, 영혼의 친구, 기도 그룹에 나누어보라.

▌묵상과 일기 ▶ ▶ ▶
▌▪ 어떤 불만의 시기나 어떤 특별한 사람과의 만남이 당신의 삶에 어떻게 도전을 주었거나 당신의 인생 노선을 어떻게 바꾸어놓았는가?

두 번째 시간

· · ·
·

책 속에서 하나님을 보라

성경으로 기도를 배우다
_ 기도의 시간 · 장소 · 방법

✽ 기도는 하나님께 부르짖는 것이고, 단순한 대화이며, 우리를 사랑하시는 하나
님의 임재 안에서 명상적인 경청이다.

    어느 머나먼 섬에 세 명의 러시아 수사가 살고 있었다. 생전 아무
도 그곳에 간 적이 없었는데, 어느 날 그들의 주교가 심방을 하기로
했다. 그가 도착해서 보니 수사들은 주기도문도 몰랐다. 그래서 주교
는 시간과 정력을 다 바쳐서 그들에게 주기도문을 가르쳐주고는 자
신의 목회 사역에 만족을 느끼며 그곳을 떠났다. 그러나 그의 배가
섬을 떠나서 다시 공해로 들어섰을 때 갑자기 세 은자가 물 위를 걸
어오는 것이 보였다. 사실 그들은 배를 쫓아서 뛰어오고 있었다! 그

들은 다 와서 물었다. "사랑하는 신부님, 가르쳐주신 기도문을 잊어 버렸습니다." 주교는 눈앞의 광경에 어안이 벙벙하여 말했다. "사랑하는 형제들이여, 그럼 그대들은 어떻게 기도하는가?" 그들은 대답했다. "그야 그냥 이렇게 아뢰지요. '사랑하는 하나님, 저희도 셋이고 하나님도 세 분이시니 저희를 불쌍히 여기소서!'" 주교는 그들의 거룩함과 단순성에 탄복하여 "그대들의 땅으로 돌아가 평안히 거하라"고 말했다.[15]

톨스토이의 유명한 비유에 나타난 것처럼 기도를 배우는 것과 기도로 충만한 마음을 배우는 것은 다르다. 기도로 충만한 마음은 입으로 말하는 특정한 기도보다 깊고, 궁극적으로 더 중요하다. 기도는 찬양과 감사, 고백과 탄원, 간구와 중보의 구체적인 표현이다. 특정한 기도의 예로는 '주기도문'과 '예수님 기도'가 있다. 그러나 기도로 충만한 마음은 마음의 문제로, 대개 말로 하는 것이 아니라 온유함, 평온함, 겸손, 궁휼, 기타 성령의 열매로 나타난다(갈 5:22-23 참조). 톨스토이의 이야기에서 수사들은 신령과 진정으로 기도하는 사람들이고, 주교는 그들이 '주기도문'에 무지함에도 불구하고 그들의 거룩함과 기도로 충만한 마음을 알아보았다.

매일의 기도와 영적으로 잘 개발된 기도로 충만한 마음이 온종일 지속되면, 사도 바울의 권고대로 '끊임없이 기도하는' 것이 가능해진다.

쉬지 말고 기도하라

바울은 데살로니가의 그리스도인들에게 "항상 기뻐하라. 쉬지 말고 기도하라. 범사에 감사하라. 이는 그리스도 예수 안에서 너희를 향하신 하나님의 뜻이니라"(살전 5:16-18)고 쓰고 있다. 바울은 끊임없는 기도를 권할 뿐만 아니라 직접 실천한다. 그리스에 있는 자신의 공동체에게 그는 "우리가 하나님께 쉬지 않고 감사함은"(살전 2:13)이라고 말한다. "우리도 항상 너희를 위하여 기도함은 우리 하나님이 너희를 그 부르심에 합당한 자로 여기시고"(살후 1:11). 로마인들에게 그는 "항상 내 기도에 쉬지 않고 너희를 말하며"(롬 1:9)라고 쓰고 있다. 그리고 자신의 친구 디모데를 이런 말로 위로한다. "나의 밤낮 간구하는 가운데 쉬지 않고 너를 생각하여"(딤후 1:3).

바울 서신에 반복해서 나타나는 그리스어 단어 둘이 있다. 각각 '항상'과 '부단히'를 뜻하는 'pantote'와 'adialeiptos'이다. 이 단어들을 보면 바울에게 기도라는 것이 삶의 일부가 아니라 삶 전체이고, 생각의 일부가 아니라 생각 전체이며, 감정과 느낌의 일부가 아니라 그 전체임을 알 수 있다. 바울의 열정은 일부만 헌신하거나 조금만 드리거나 베풀기를 머뭇거릴 수 있는 여지를 남기지 않는다. 그는 모든 것을 드리고 모든 것을 구한다.

이런 극단적 입장에서 당연히 몇 가지 어려운 의문이 생겨난다. 쉬지 않고 기도한다는 것은 무슨 뜻인가? 요구와 속박이 많은 이생을 어떻게 하나의 부단한 기도로써 살아낼 수 있나? 날마다 방해하는 끝없는 잡념들은 어떤가? 게다가 취침 시간, 꼭 필요한 전환의 순간들, 몇 시간만이라도 삶의 긴장과 갈등에서 벗어나고 싶은 그 시간을 어떻게 끊임없는 기도로 채울 수 있나? 이런 의문들은 현실적인 것이며, 쉬지 말고 기도하라는 바울의 권고를 진지하게 받아들이려는 많은 그리스도인들을 난감하게 해왔다.

끊임없이 기도하려는 갈망을 가장 잘 보여주는 예가 19세기 어느 러시아 농부의 경우다. 그는 부단히 기도하라는 바울의 명에 순종하고 싶은 마음이 어찌나 간절했던지 이곳 저곳의 은자들을 찾아다니며 답을 구했다. 그러다가 마침내 만난 어떤 성자가 그에게 예수님 기도를 가르쳐주었다. 그는 농부에게 "주 예수 그리스도여, 저를 불쌍히 여겨주소서"라고 날마다 몇 천 번씩 말하라고 했다. 그런 식으로 예수님 기도는 서서히 그의 호흡과 맥박과 하나가 되었고, 그리하여 그는 성경책, *Philokalia* (동방 기독교의 신비 저작 모음집), 약간의 빵과 소금을 배낭에 넣어 가지고 러시아 전역을 주유하면서 끊임없는 기도의 삶을 살 수 있게 되었다.[16]

우리는 19세기의 러시아 농부나 순례자는 아니지만, '어떻게 끊임없이 기도할 것인가'라는 단순한 순례자의 추구는 우리에게도 동일하게 있다. 나는 1세기 전의 광활하고 고요한 러시아 초원의 정황이 아니라 안식을 모르는 현대 서구 사회의 정황에서 그 질문에 답하고 싶다. 끊임없는 기도의 실천은 세 가지 과정으로 이루어진다. 우선 우리의 모든 필요와 요청을 가지고 하나님께 부르짖는다. 다음에 우리의 끊임없는 상념을 지속적인 하나님과의 대화로 전환시킨다. 마지막으로 묵상과 명상적 삶이라는 매일의 훈련을 통하여 마음속으로 하나님의 음성을 들는 법을 배운다.

하나님께 부르짖는 기도

첫째, 기도란 우리 마음으로부터 하나님께 부르짖는 것이다. "여호와여, 나의 말에 귀를 기울이사 나의 심사를 통촉하소서. 나의 왕, 나의 하나님이여, 나의 부르짖는 소리를 들으소서. 내가 주께 기도하나이다"(시 5:1-2). 이것은 마음에서부터 나오는 기도다.

우리 안에는 두려움과 고민이 아주 많다. 사람에 대한 두려움, 하나님께 대한 두려움, 생생하게 유유히 떠다니는 정체 모를 갖가지 불안. 두려움이야말로 우리의 기도를 막는 주된 장애물이 아닐까. 하나님의 임재 안에 들어가 자기 속의 그 거대한 두려움의 저수지가 느껴지기 시작하면, 우리는 바쁜 세상이 얼마든지 내주는 많은 잡념들로 달아나고 싶어진다. 하지만 우리는 자신의 두려움을 무서워해서는 안 된다. 우리는 두려움에 직면하고, 두려움을 말로 표현하고, 하나님께 부르짖고, "내니 두려워 말라"고 하시는 분의 임재 안으로 우리의 두려움을 끌어들일 수 있다.

우리는 편하게 털어놓을 수 있는 부분만 하나님께 내보이는 성향이 있다. 당연히 우리는 하나님을 사랑하고 그분께 사랑받기 원하지만, 동시에 내면생활의 작은 한 모퉁이를 내 것으로 지키고 싶어하는 마음도 있다. 숨어서 은밀한 생각을 즐길 수 있는 곳, 나만의 꿈을 꿀 수 있는 곳, 내 정신적 작품을 가지고 놀 수 있는 그런 곳을 가지고 싶어한다. 우리는 종종 하나님과의 대화에 가지고 갈 생각을 잘 고르고 싶은 유혹을 느낀다.

우리를 그토록 인색하게 하는 것은 무엇일까? 우리 마음과 생각 속에 지나가는 모든 것을 하나님이 수용하실 수 있을지 걱정될 수도 있다. 하나님은 내 가증한 생각과 잔인한 공상과 이상한 꿈을 받아들이실 수 있을까? 하나님은 내 유치한 충동과 교만한 착각과 머릿속의 허황한 모래성을 소화하실 수 있을까? 이렇게 우리 생각의 커다란 부분을 하나님께 감추어두면, 우리는 알고서는 절대로 가고 싶지 않을 길로 가게 된다. 바로 영적인 검열의 길이다. 모든 것을 보시고 아시는 하나님을 포함하여 누구와도 나누고 싶지 않은 모든 공상, 근심, 원한, 어지러운 생각들을 삭제하는 것이다.

자신의 부끄러운 생각을 감추고 부정적인 감정을 억압할 때, 우리는 정서적 계단을 데굴데굴 굴러서 증오와 절망에 떨어지기 쉽다. 그보다는 욥처럼 하나님께 부르짖으며, 고통과 분노를 하나님께 쏟아놓고 응답을 요구하는 편이 훨씬 낫다.

몇 년 전에 피에르 울프Pierre Wolff는 검열 없는 기도에 관하여 좋은 책을 썼다. 제목은 『하나님을 미워해도 되나?May I Hate God』인데, 우리의 영적 씨름의 정곡을 찌른 책이다. 표현하지 못한 많은 두려움, 회의, 불안, 원망 때문에 우리가 주님의 선하심을 맛보아 알 수 없다고 그는 말한다. 분노와 증오는 우리를 하나님 및 다른 사람들과 분리시키지만, 오히려 하나님과 더 친밀해지는 관문이 될 수도 있다.

부정적 감정을 표현해서는 안 된다는 종교와 세상의 터부는 수치심과 죄책감을 불러일으킨다. 우리의 분노와 원망을 기도로 하나님께 직접 표현함으로써만 우리는 완전한 사랑과 자유를 알 수 있다. 우리의 두려움, 거부당한 마음, 증오, 원통함 등의 이야기를 쏟아놓아야만 치유의 희망이 가능해진다.[17]

시편에는 하나님의 사람들의 부르짖음과 고뇌가 가득한데, 그들은 그것을 하나님께 거침없이 드러내고 쏟아놓으며 구원을 청했다. 예를 들면 이렇다.

> 내 하나님이여, 내 하나님이여, 어찌 나를 버리셨나이까 …… 내가 낮에도 부르짖고 밤에도 잠잠치 아니하오나 응답지 아니하시나이다 (시 22:1-2).
> 내가 내 음성으로 하나님께 부르짖으리니 하나님께 내 음성으로 부르짖으면 내게 귀를 기울이시리로다. 나의 환난 날에 내가 주를 찾았으며 밤에는 내 손을 들고 거두지 아니하였으며 내 영혼이 위로 받기를 거절하였도다(시 77:1-2).
> 여호와여, 나는 곤고하고 궁핍하오니 귀를 기울여 내게 응답하소서 (시 86:1).[18]

이런 시편 내용으로 기도한 옛 선조들처럼 우리도 자신의 떨리는 자아 전체를 감히 하나님께 더 보여드릴수록, 온전한 사랑인 하나님의 사랑이 우리의 두려움을 몰아내고 우리의 생각을 정결케 하고 우리의 증오를 치유하는 것을 느낄 수 있다.

자기 중심적 독백에서 친밀한 대화로

둘째, 독백이 대화로 옮겨가면 기도는 우리를 사랑하시는 주님과의 단순하고 친밀한 대화가 된다. 예를 들어 내가 "내 의의 하나님이여, 내가 부를 때에 응답하소서. 곤란 중에 나를 너그럽게 하셨사오니 나를 긍휼히 여기사 나의 기도를 들으소서"(시 4:1)라는 시편을 가지고 기도하면, 때로 "내가 너와 함께 있으니……" 다 잘될 거라고 하시는 하나님의 응답이 들려온다. 때로 밤중에 내가 "하나님이여, 속히 나를 건지소서. 여호와여, 속히 나를 도우소서"라고 기도하면, "하나님은 우리의 피난처시요 힘이시니 환난 중에 만날 큰 도움이시라"(시 46:1)는 하나님의 응답이 들려온다. 그리고 외롭고 사랑받지 못하는 듯한 내 심정을 하나님께 아뢰면, 하나님께서 "우리에게 향하신 여호와의 인자하심이 크고 진실하심이 영원함이로다"(시 117:2)라고 안심시켜주시는 것이 종종 느껴진다.

기도하고 나면 나는 하나님의 음성을 들으려고 한다. 그리고 그들은 말씀을 하루 종일 품고 살려고 한다. 말씀을 매개로 한 기도는 나를 아시고 사랑하시는 분과 함께 나누는 영적 대화가 된다.

바울의 가르침대로 끊임없이 기도한다는 것이 쉽지 않고 하나님만 생각하거나 의식적으로 그분께 말한다는 의미라면, 그것은 절대 불가능할 것이다. 끊임없이 기도한다는 것은 딴 생각들을 버리고 하나님만 생각한다든지 다른 사람들에게 말하지 않고 하나님께만 말한다는 뜻이 아니다. 그보다 그것은 하나님의 임재 안에서 생각하고 말하고 산다는 뜻이다. 하나님만을 위한 시간을 따로 떼어내는 것은 영적인 삶에 중요하고도 반드시 필요한 일이지만, 그럼에도 불구하고 우리의 모든 생각, 즉 멋진 생각, 흉한 생각, 고상한 생각, 저질적인 생각, 교만한 생각, 창피한 생각, 슬픈 생각, 기쁜 생각이 하나님의 임재 안에서 이루어지고 표현될 수 있을 때에만 기도는 끊임없는 기도가 될 수 있다. 이렇듯 끊임없는 생각이 끊임없는 기도로 바뀔 때 우리는 자기중심적 독백에서 하나님 중심의 대화로 나아갈 수 있다. 그러려면 우리의 모든 생각을 대화로 전환시켜야 한다. 그렇다면 핵심 질문은 우리의 생각이 무슨 내용인가라기보다는 우리의 생각을 누구에게 내어놓는가가 된다.

우리가 더 이상 생각을 혼자만 품고 있지 않고 과감히 말로 표현하고 고백하고 나누고 대화에 가져간다면, 우리의 일상생활 속에 어떻게 진정한 변화가 일어나는지 어렵지 않게 볼 수 있다. 창피한 생각이든 유쾌한 생각이든 그것을 고립 상태에서 *끄집어내서* 하나님과의 대화나 다른 사람과의 대화에 끌어들이면, 당장 그 순간부터 뭔가 새로운 일이 벌어진다. 일단 그 모험을 감행하여 수용을 경험하면, 우리의 생각들 자체가 새로운 질質을 받아서 기도로 변화된다.

그러므로 기도란 내성이 아니다. 기도는 안을 보지 않고 바깥을 본다. 내성은 자칫 우리로 하여금 내면을 살펴 자신의 생각과 감정과 정신 과정을 분석하는 미로에 빠뜨리고, 그래서 무력한 염려와 자기몰입과 절망으로 이끌기 쉽다. 기도란 바깥을 향하여 우리를 끊임없는 대화로 부르시는 그분께 정성스레 마음을 드리는 것이다.

기도는 묵상은 물론 공상이나 밤중의 꿈까지 포함하여 모든 생각을 사랑의 아버지께 내어드리는 것이다. 그것을 보시고 긍휼로 반응하실 수 있는 하나님께 말이다. 기도는 하나님이 내 마음과 뜻을 하나도 숨김 없이 아신다는 사실을 기쁨으로 인정하는 것이다. 기도는 시편기자와 함께 이렇게 고백하는 것이다.

> 여호와여, 주께서 나를 감찰하시고 아셨나이다.
> 주께서 나의 앉고 일어섬을 아시며
> 멀리서도 나의 생각을 통촉하시오며
> 나의 길과 눕는 것을 감찰하시며
> 나의 모든 행위를 익히 아시오니
> 여호와여, 내 혀의 말을
> 알지 못하시는 것이 하나도 없으시니이다(시 139:1-4).[19]

기도는 말없는 경청이다

끝으로 셋째, 근본적으로 기도란 하나님의 영께 말없이 보조를 맞춘 채 감사와 명상으로 표현되는, 열린 마음의 자세다. 기도는 단지 하나님께 도움을 부르짖거나(분명 거기서 시작되기는 하지만) 우리의 생각에 대해서 하나님과 대화하는 것만이 아니다. 기도는 하나님 임재 안의 명상으로 이어지는 말없는 경청이다. 감사의 자세와 명상의 영을 가꾸면 특정한 기도들이 기도로 충만한 마음으로 자랄 수 있다.

기도하는 법을 배우노라면 도중에 어디선가 내 필요를 가지고 하나님께 부르짖는 기도를 경험하게 되는데, 이것은 독백이며 일방적인 일이다. 설령 기도가 하나님께서 말씀하시고 우리의 기도에 응답하시는 대화가 되어도 우리는 하나님의 더 깊은 임재를 갈망하게 된다. 사실 기도란 하나님과 함께 느끼고 말하고 생각하고 대화하는 것 이상이다. 기도한다는 것은 하나님이 내게 말씀하고 계시다는 것이 느껴지든 그렇지 않든 조용히 듣는다는 뜻이기도 하다. 무엇보다도 기도란 주로 경청과 기다림이다. 우리는 열린 마음, 겸손한 정신, 고요한 영의 자세로 하나님의 음성을 듣는다. 우리의 생각을 가슴으로 내려가게 하여, 거기서 하나님의 임재 안에 선다.

하나님의 임재 안에 서서 끊임없이 기도하는 한 가지 길은 예수님 기도를 가지고 묵상하는 것이다. 예수께서 누가복음 18장에 말씀하신 바리새인과 세리의 비유를 보면 "주여, 이 죄인을 불쌍히 여겨주소서"라는 세리의 단순한 기도가 나오는데, 그것이 동방 정교 전통에서 예수님 기도로 알려지게 되었다. "주 예수여, 불쌍히 여겨주소서"라는 단순한 문구를 아주 천천히 반복하노라면, 묵상의 질을 띠면서 영혼에 평안과 안식을 가져다준다. 이 말은 우리 호흡의 일부, 전 존재 양식의 일부가 될 수 있다. 예수님 기도의 아름다운 점은 우리의 일 속으로까지 기도를 가지고 갈 수 있다는 것이다. 차를 운전할 때나, 책상에 앉아 공부할 때나, 심지어 음식을 먹거나 잠들 때도 말이다. 그렇게 우리는 쉬지 않고 기도할 수 있다.

시간이 가면서 우리의 특정한 기도들은 기도로 충만한 마음이 되고, 그 마음의 질 덕분에 우리는 하나님의 임재를 더 인식하게 된다. 하나님은 우리에게 들리거나 경험되기를 원치 않으시는 침묵의 하나님이 아님을 우리는 점차 배우게 된다. 하나님은 우리가 조종해야만 주목해주시는 저항의 하나님이 아니다. 하나님은 우리가 설득해야만 좋은 일을 해주시는 소극적인 하나님이 아니다. 아니, 우리는 하나님이 "노하기를 더디 하시고 인자가 많으신" 긍휼의 하나님임을 깨닫게 된다. 그분은 오셔서 우리 가운데 거하셨고, 치유가 가능하도록 우리가 그분의 음성을 듣기를 간절히 원하신다.

요컨대 기도는 하나님께 부르짖는 것이고, 단순한 대화이며, 우리를 사랑하시는 하나님의 임재 안에서 명상적인 경청이다. 일단 이런 측면들을 배우면 기도로 충만한 마음이 매일의 실천이 될 수 있고, 그리하여 우리는 사도 바울의 말대로 "쉬지 말고 기도할" 수 있다(살전 5:17).

기도를 배우고 훈련하기

기도는 저절로 되거나 쉽게 되는 일이 아니다. 학습과 훈련을 요하는 일이다. 특정한 기도를 말로 할 때도 그렇고, 지속적인 태도인 기도로 충만한 마음에 거할 때도 그렇다. 기도를 배울 때에는 일정한 시간, 특별한 장소, 단일한 초점을 떼어놓는 것이 중요하다.

일정한 시간

우리의 기도 시간은 오전일 수도 있고, 한낮일 수도 있고, 밤중일 수도 있다. 한 시간일 수도 있고, 반시간일 수도 있고, 10분일 수도 있다. 하루 한 번일수도 있고 여러 번일 수도 있다. 중요한 것은 하루 중의 일정한 시간을 하나님과 단둘이서 기도하는 시간으로 떼어놓는 것이다.

문제는 '기도해야 하는가'가 아니라 '언제 기도할 것인가'이다. 출근

하기 전인가? 한낮의 휴식 시간인가? 밤에 잠들기 전인가? 예수님도 그러셨듯이(막 1:35 참조) 대부분의 사람들에게 하루 중에 기도를 위하여 떼어놓기 가장 좋은 시간은 새벽이다. 그것이 현실성이 없다면 다른 낮 시간을 할애하면 된다. 온전히 하나님께 주목할 수 있는 시간이라야 한다. 낮에 언제라도 30분 정도 기도하는 것이 전혀 안 하는 것보다 낫다. 아침이나 밤에 30분간 기도하거나 낮에 10분간 기도하거나 저녁식사 전후에 짤막하게 기도하지 않으면, 우리는 하나님이 가까이 계심과 하나님 안의 우리 삶이 기도의 삶임을 잊어버리기 시작한다.

특별한 장소

일단 하나님을 위한 시간을 떼어놓았으면 우리는 "네 골방에 들어가 문을 닫고 은밀한 중에 계신 네 아버지께 기도하라"(마 6:6)고 하신 예수님의 말씀에 자유로이 따를 수 있다. 시간만 아니라 장소도 기도에 중요하다. 시편으로 기도하거나 말씀을 묵상하거나 주의 영광을 명상할 특별한 장소를 고르라. 예수님은 종종 일부러 산에 오르거나 동산에 들어가거나 광야로 떠나거나 수상의 배 안에서 쉬면서 하나님께 기도하고 그분의 음성을 들으셨다. 사도 바울은 빌립보 성에 있을 때에 특별한 기도처를 찾아서 강둑을 따라갔다(행 16:13). 야외이든 실내이든, 어디든 당신이 가장 편한 데서 조용하고 평화로운 자리를 찾아 기도하고 묵상하라.

당신의 집에 따로 기도실로 쓸 만한 특별한 방이 있다면 이상적이다. 하나님을 생각나게 하는 이미지들로 그 방을 장식하면, 촛불을 켜거나 혹 향을 사르면, 그곳에 더 자주 가고 싶어질 것이다. 그리고 그곳에서 기도하면 할수록 점점 더 기도의 정기와 힘이 그곳에 가득해질 것이다. 그런 곳에서라면 잠시 세상을 뒤로하고 예수님의 사랑에 푹 잠기기가 어렵지 않을 것이다.

그런 여분의 방이 없다면, '기도 벽장'이나 방 한 모퉁이를 찾아 제대 祭臺를 두거나 아니면 특별한 기도용 의자를 지정하는 것도 좋다. 그것도 불가능하거든 안전하게 느껴지고 자꾸 가고 싶어지는 교회나 채플에 가보도록 하라. 기도란 어디서나 할 수 있는 것이 사실이지만, 꾸준한 고독의 기도를 위하여 특정한 시간과 특별한 장소를 정해두는 것이 가장 좋다.

하나의 초점

기도 시간에 기도 장소에서 무엇을 할 것인가? 간단히 답해서 그냥 예수님과 함께 있는 것이다. 그분으로 하여금 당신을 보시고 만지시고 말씀하시게 하라. 당신이 하나님의 임재 안에 있음을 믿으라. 당신의 심령이 원하는 방식대로 말하라. 그리고 듣는 법을 배우라. 주님의 임재 안에 있으려고 떼어놓은 시간, 하나님을 그 시간의 단일한 초점으로 삼으라.

그러나 우리들 대부분은 이 간단한 답으로 부족하다. 복잡하게도 우리는 고독에 들어가는 순간 너무 피곤하거나 따분한 자신을 보게 된다. 물론 몸이 잔뜩 지쳐 있다면 기도할 수 없다. 그럴 때는 낮잠을 자는 것이 가장 영적인 일이다. 따분하면 그 시간이 공허하고 무익하게 느껴지기 때문이다.

하지만 바쁜 나날 중에 기도로 '무익한' 시간을 보내지 못할 것도 없지 않은가? 기도란 어떤 사람이나 일로 바쁜 대신 하나님으로 바쁜 것이 아니다. 기도란 주로, 하나님과 함께하는 '무익한' 시간이다. 내가 하나님께 아주 무익한 존재여서가 아니라 내 통제 소관이 아니라서 그렇다. 내 기도에서 무엇이든 유익한 것이 나온다면 그것은 하나님이 하시는 일이다. 시간이 가면서, 우리가 하나님과 함께 보내는 시간은 점점 열매가 많아질 수 있다. 그러나 그것은 우리의 소관이 아니다. 기도하려고 떼어놓는 시간은 내 소관이지만 결과는 내 소관이 아니다.

맑은 정신으로 일단 기도할 준비가 되었으면, 이제 할 일은 초점을 찾는 것이다. 그날의 복음서 본문을 읽든지, 시편으로 찬양을 부르든지, 성경구절 하나를 골라서 천천히 읽으라.

훌륭한 영적 전통이라면 어디에나 마찬가지지만, 기도나 명상을 실천하는 사람들에게는 단일한 집중점이 있다. 그리스도인들에게 그 초점은 '예수'라는 이름일 수 있다. 또는 "주여, 불쌍히 여겨주소서"라고 하는 예수님 기도일 수도 있다. 떨칠 수 없는 어떤 이미지나 강력한 단어나 성경의 문구 등 뭔가 당신의 주목을 사로잡는 것일 수 있다. 기도의 초점을 하나로 모으는 취지는, 생각을 해방시켜서 마음으로 묵상하고 하나님의 영광을 명상하게 하는 데에 있다.

잡념과 싸우는 방법은 한 가지 일에 집중하기

하나의 목표를 가지고 기도하는 법을 배우다 보면 우리의 내면생활이 얼마나 혼란스러운지 깨닫게 된다. 갑자기 온갖 산만한 생각, 감정, 공상이 표면에 떠오른다. 이내 우리는 껑충대는 원숭이들이 득실거리는 바나나 나무가 된 심정이다. 우리의 머릿속은 써야 할 편지, 걸어야 할 전화들, 지켜야 할 저녁 약속, 써야 할 기사, 깨우쳐야 할 통찰, 가고 싶은 곳들, 근심과 염려 등 온갖 할 일들로 가득 차 있다.

거기에 놀라지 말라. 과객들에게 늘 열려 있던 집의 문을 갑자기 닫아걸고는 다시는 아무도 문을 두드리지 않기를 바랄 수는 없는 일이다. 잡념과 싸우는 방법은 그것을 밀쳐내는 것이 아니라 한 가지 일에 집중하는 것이다. 마치 오랫동안 촛불 하나만 보고 있는 것과 같다. 그렇게 다른 것에 집중하고 있으면 서서히 고요함이 느껴지기 시작한다. 연습을 통해서 당신은 잡념을 인정하고, 일부러 거기에 반응하지 않고, 도로 돌려보내고, 자신의 주목적인 기도로 돌아가는 법을 배울 수 있다.

그러니 잡념이 기도를 방해하거든 한 번 웃어주고 그냥 지나가게 두고 정해둔 초점으로 다시 돌아가면 된다. 시편 말씀을 되뇌거나 복음서의 교훈을 다시 읽거나 명상의 이미지로 되돌아가거나 정해둔 단어를 계속 묵상하라.

결국 당신이 입이나 마음으로 읊는 말씀들, 응시하고 꿰뚫어보는 이미지들, 기도할 때 드는 기분들이 당신에게 점점 더 매력적으로 느껴지고 머잖아 당신은 자신의 영적 의식 속에 슬쩍 끼어들려고 하는 많은 '의무'와 '당위'보다 그것들이 훨씬 더 중요하고 즐겁다는 사실을 깨닫게 된다. 하나님에게서 오는 말씀에는 당신의 내면생활을 변화시켜 그곳에 하나님이 즐거이 거하실 집을 마련하는 능력이 있다.

성실한 기도를 삶의 일부로 삼으라

중요한 것은 기도에 성실히 임하는 것이다. 기도를 일상생활의 훈련으로 삼고 계속 힘쓰라. 기도의 일정한 시간과 특별한 장소와 단일한 초점을 정하면, 서서히 따분함과 잡념이 줄어들면서 하나님의 임재를 경험하게 된다. 그렇게 되면 하루 종일 기도와 감사의 태도 안에 거하는 것이 가능함을 알게 될 것이다. "쉬지 말고 기도하라"고 한 바울의 말이 그런 뜻이다. 기도를 "꼭 필요한 것 한 가지"(눅 10:42)라고 하신 예수님의 말씀이 그런 뜻이다.

당신이 이미 쉬지 않고 기도하기를 시작하였음을 어느 날 하나님께서 깨우쳐주실 것을 믿고서, 계속하여 기도를 당신의 삶의 일부로 삼기 바란다. 그런 당신에게 나누고 싶은 기도가 있다.

주 예수 그리스도여, 저를 불쌍히 여겨주소서. 주님을 저의 자애로운 형제로 알게 하소서. 아무것도, 저의 가장 악한 죄까지도 제게 허물하지 않으시고 푸근한 품으로 저를 감싸주시기 원하시는 분으로 알게 하소서. 주님을 저의 주인 되지 못하게 하는 제 많은 두려움, 의혹, 회의를 제하여주소서. 주님의 임재의 빛 앞에 벌거벗고 연약한 모습으로 드러날 수 있는 용기와 자유를 주소서. 주님의 헤아릴 수 없는 자비를 믿고서, 언제 어디서나 주님의 음성을 들을 자세로 그리하게 하소서. 아멘.

헨리 나우웬의 영성 교실

오늘의 할 일 ▶

• 기도 훈련

일주일 동안 하루에 10여 분씩 다음 기도 훈련에 따른 후, 그 경험을 당신의 영성 지도자나 기도 그룹과 나누어보기 바란다.

1. 단순히 하나님과 단둘이 약간의 시간을 '허비할' 구체적인 시간과 장소를 떼어놓는다. 당신은 하루 중 언제 기도할 것인가? 어디서 기도할 것인가?

2. 그 특정한 시간과 특별한 장소에 단일한 초점을 더한다. 어떤 이미지도 좋고, 단어도 좋고, 성경의 문구도 좋고, 짤막한 명상 기도를 되뇌어도 좋다.

3. 잡념이 들거나 불안해지거나 졸음이 오거든 잡념과 맞서 싸울 것이 아니라 그것을 인정하고는 단순히 본래의 이미지, 문구, 성경 말씀으로 돌아간다.

4. 되뇌는 기도와 기도 사이의 침묵을 끌어안는다. 하나님이 임재하실 공간을 그렇게 내드리는 것이다.

5. 때로 우리의 신성한 시간과 장소와 초점 속에서 하나님이 우리에

게 단순한 말씀 한마디를 들려주신다. 그 작고 세미한 음성을 듣는 법을 배운다.

이렇게 꾸준히 하는 사람들은 결국 그것을 놓치고 싶지 않게 된다. 당장 감정적인 만족이 없을지라도 말이다. 10분 동안 내내 딴 생각이 들 수도 있지만 그래도 그들은 계속한다. 그들의 고백은 이렇다. "내 생각보다 더 깊은 차원에서 내게 뭔가 새로운 일이 일어나고 있다."

나도 기도할 때 늘 대단한 생각이나 느낌이 드는 것은 아니다. 그러나 하나님이 내 마음과 생각보다 크시기에 나는 뭔가 새로운 일이 일어나고 있음을 믿는다. 기도의 커다란 신비는 내 감각이나 지식으로 깨달을 수 있는 것보다 훨씬 크다. 기도의 자리에 거할 때, 그 안에 안겨 있을 때 나는 하나님이 나보다 크심을 믿는다. 결국, 그렇게 할 때 나는 아주 영적인 삶을 사는 것이다.

묵상과 일기 ▶ ▶ ▶

- 당신의 삶에서 하나님께 감추고 싶은 유혹이 드는 부분들은 어디인가?
- 지금 현재 당신은 어떤 생각들을 하고 있는가? 잠시 멈추어 그 생각들을 대화의 기도로 하나님께 올려드리라.
- 이번 주에 헌신할 기도의 시간, 장소, 초점은 무엇인가?

나에게 하나님은 누구인가

_ 하나님에 관한 4가지 진리

✻ 하나님을 '아바 아버지'라고 부르는 것은 마음의 부르짖음이요 우리의 가장 깊은 존재에서 솟아오르는 기도다

장님 네 사람이 코끼리를 만난다. 생전 처음 대하는 코끼리인지라 그들은 이 새로운 현상을 이해하고 설명하고자 손으로 더듬는다. 하나는 코끼리 코를 잡아보고는 뱀이라는 결론을 내린다. 또 하나는 코끼리 다리 하나를 더듬더니 나무라고 설명한다. 세 번째 사람은 코끼리 꼬리를 찾아내고는 밧줄이라고 선언한다. 네 번째 장님은 코끼리 허리를 발견하고는 결국 벽이라고 결론짓는다.

누가 옳은가? 저마다 눈먼 상태로 코끼리라는 동일한 대상을 기술

하고 있다. 고로 모두 다 옳지만 아무도 전적으로 옳지는 않다.[20]

경청하는 마음은 믿음의 위대한 행위다

제네시 수도원에 머물 때 나는 수도원장에게 아주 기본적인 질문을 던졌다. "기도할 때 나는 누구한테 기도하는 겁니까?" 또는 "내가 '주님'이라고 말할 때 그 말은 무슨 뜻입니까?"

수도원장은 내 기대와 전혀 다르게 이렇게 대답했다. "과연 그거야말로 정말 물어야 할 질문입니다. 우리가 물을 수 있는 가장 중요한 질문이지요." 그는 그 질문을 정말 진지하게 대할 마음만 있다면 다른 문제는 거의 생각할 여지가 없을 것이라고 굉장히 힘주어 확신 있게 말했다. 하나님을 아는 지식은 우리가 절대로 다 정복할 수 없는 주제다.

그는 말했다. "그 질문을 묵상의 중심으로 삼기란 결코 쉽지 않습니다. 그 질문에는 나라는 존재의 모든 부분이 걸려 있음을 곧 알게 될 것입니다. '내 기도의 대상인 하나님은 누구인가?'라는 질문은 '하나님께 기도하기 원하는 나는 누구인가?'라는 질문으로 직접 이어지기 때문이지요. 그것은 다시 하나님의 다원적인 성품에 대한 의문으로 발전하여 이렇게 묻게 됩니다. '공의의 하나님이 사랑의 주님이기도 하며, 두려운 하나님이 인자와 긍휼의 하나님이기도 한 까닭은 무엇일까?' 그것을 따라가면 마음의 중심인 우리 존재의 핵에 이르게 됩니다."

수도원장이 말한 '마음'에는 우리 정신의 깊숙한 구석들, 기분과 느낌들, 정서와 감정들, 또한 직관과 통찰과 비전들이 포함된다. 마음은 우리가 가장 인간다워지는 곳이다. 그러므로 경청하는 마음이란 우리의 모든 의문, 모든 존재, 모든 소유를 가지고 하나님 앞에 숨김없이 서는 마음을 뜻한다. 이것은 신뢰와 믿음의 위대한 행위다.

"경청하는 마음의 고요한 묵상 속에 해답이 있을까요?" 나는 물었다. 그러자 수도원장은 이렇게 대답했다. "그렇기도 하고 아니기도 합니다. 묵상 속에서 알게 됩니다. 어느 날 의문은 그대로 있는데도 섬광처럼 뭔가 깨달아질 수 있습니다. 그 의문이 우리를 하나님께 더 가까이 이끌어준 셈이지요. 이것은 단지 많은 의문들 중 하나일 수 없습니다. 어떤 의미에서 이것만이 우리의 유일한 의문이 되어야 합니다. 나머지 모든 삶은 그 의문을 중심으로 제자리를 찾게 됩니다. 그 의문을 묵상의 중심으로 삼으려면 결단이 필요합니다."

가만히 있어 알지어다

시편 46편은 하나님에 대한 의문을 우리 삶의 중심으로 삼는 법과 찾은 바 되기 원하시는 하나님을 찾는 법에 대하여 우리에게 말해준다.

> 하나님은 우리의 피난처시요 힘이시니 환난 중에 만날 큰 도움이시라. 그러므로 땅이 변하든지 산이 흔들려 바다 가운데 빠지든지 바닷물이 흉용하고 뛰놀든지 그것이 넘침으로 산이 요동할지라도 우리는 두려워 아니하리로다. 한 시내가 있어 나뉘어 흘러 하나님의 성 곧 지극히 높으신 자의 장막의 성소를 기쁘게 하도다 …… "너희는 가만히 있어 내가 하나님 됨을 알지어다. 내가 열방과 세계 중에서 높임을 받으리라"(시 46:1-4,10).

시편기자도 비슷하게 하나님의 이런 선포를 듣는다. "너희는 가만히 있어 내가 하나님 됨을 알지어다. 가만히 있어 내가 어떤 하나님인지 알지어다. 가만히 있어 나는 나임을, 내가 네 곁에 있어줄 것임을 알지어다."

비유 속의 네 장님은 각자 코끼리의 한 부분을 만진다. 네 명의 신앙인이 하나님의 각기 다른 면을 알고 있는 것과 비슷하다. 모두가 자신이 만진 실체에 대하여 진실을 알고 있지만 아무도 전체를 알지는 못한다. 이 이야기의 지혜를 시편에 나오는 하나님에 대한 의문과 연관지어 묵상하면서, 하나님에 대하여 네 가지를 말하고 싶다. 이 네 가지가 사실일 수 있으나 어느 것도 사실의 전부는 아님을 주지하면서 말이다.

첫째, 하나님은 우리와 함께 계신다. 둘째, 하나님은 인격적이시다. 셋째, 하나님은 숨어 계신다. 넷째, 하나님은 우리를 찾고 계신다. 아울러 나는 당신에게 '가만히 있어' 하나님이 하나님임을 마음속으로 '알라'고 도전하고 싶다.

하나님은 우리와 함께 계신다

하나님은 멀리 계신 하나님, 겁내고 피해야 할 하나님, 복수의 하나님이 아니라 우리의 고통에 아파하시고 인간의 모든 씨름에 동참하시는 하나님이라는 것, 그것이 정녕 기쁜 소식이다. 그 말은 무엇보다도 하나님이 일부러 우리와 함께 있기로 하신 하나님이라는 뜻이다. 하나님, "우리와 함께 계신 하나님"을 부르는 순간 우리는 새로운 친밀한 관계에 들어선다. 하나님을 임마누엘이라고 부를 때 우리는 하나님이 우리와 연합하여 사시고, 우리의 기쁨과 아픔을 나누시고, 우리를 변호하고 보호하시며, 삶 전체를 우리와 함께 겪으시기로 작정하셨다는 사실을 인식하는 것이다. 우리와 함께 계신 하나님은 가까우신 하나님이다. 우리가 나의 피난처, 나의 요새, 나의 지혜, 그리고 그보다 더 친밀하게 나의 조력자, 나의 목자, 나의 연인이라고 부르는 하나님이다. 하나님이 우리 가운데 오셔서 우리와 함께 사셨다는 것을 (요 1:14) 우리 마음과 머리로 깨닫지 못하면, 우리는 절대로 하나님을 긍휼의 하나님으로 바로 알 수 없다.

하나님이 우리와 함께하시는 방식은 말씀이 예수님을 통하여 육신이 되신 것이다. 예수님은 사랑과 이해로 우리 곁에서 걸으신다. 주께서 특별한 방식으로 나와 함께 걸으셨던 중대한 순간을 나는 기억한다. 지나가던 밴의 거울에 치인 나는 병원으로 옮겨졌는데 갈비뼈가 다섯 개나 부러지고 비장에 출혈이 있었다. 정말 목숨이 위태로웠다. 수술을 받으면서 나는 죽음의 문턱에 들어섰다. 그때 내가 경험한 것은 순전하고 무조건적인 사랑이었다.

그분의 음성이 들려왔다. "두려워 말라. 내가 너와 함께 있다." 간호사들이 나를 수술대에 고정시킬 때 나는 두려움을 내려놓았고 내면에 말할 수 없는 평안을 느꼈다. 그들은 내가 체내의 피를 3분의 2나 흘려서 구사일생으로 살아났다고 했다. 물론 죽음 저편에도 나를 맞아주실 예수님이 계셨지만, 나는 목적이 있어서 도로 보냄 받았다. 그 목적이란 위에서 난 진리를 아래에, 영원을 시간 속에 전하는 것이다. 임마누엘! 하나님은 우리와 함께 계신다.

하나님은 인격적이시다

하나님에 관한 두 번째 진리는 하나님이 우리와 함께 계시되 인격적인 방식으로 계신다는 것이다. 1986년 7월에 나는 렘브란트의 그림 〈탕자의 귀향〉을 공부하러 상트페테르부르크에 갔다. 내가 외딴 건물의 그림 앞에 앉아서 그것에 열중하려고 애쓰는 사이 많은 관광객 그룹들이 지나갔다. 그들은 그림을 채 1분도 보지 않았지만 거의 모든 가이드들이 그것을 긍휼에 찬 아버지를 그린 그림으로 설명했다. '탕자의 귀향'보다는 '긍휼하신 아버지의 환영'이라고 했어도 얼마든지 될 뻔했다.

렘브란트가 아버지를 그린 방식을 보면서 나는 마음속으로 애정과 자비와 용서를 전혀 새롭게 이해하게 되었다. 하나님의 엄청난 긍휼의 사랑이 이토록 사무치게 인간적으로 표현된 일은 아마 별로 없었을 것이다. 가장 신적인 특성들이 가장 인간적인 몸짓과 관계 속에 포착되어 있다. 천지의 창조주이신 하나님은 무엇보다도 사랑 많은 부모가 되시기로 작정하셨는데, 그것이 신약성경에 아바Abba, 즉 자애롭고 자상하며 가장 친밀한 아버지로 자주 표현된다.

아바는 아주 친밀한 단어다. 가장 좋은 번역은 '아빠'다. 아바라는 말에는 신뢰, 안전, 당당함, 소속, 그리고 무엇보다 친밀함이 묻어난다. 흔히 아버지라는 단어에 뒤따라오는 권위, 권력, 통제의 뉘앙스는 없다. 아바에 암시된 것은 우리의 부모형제, 배우자, 친구, 연인에게서 오는 감싸주고 세워주는 사랑이다.

하나님을 '아바 아버지'라고 부르는 것은 그저 하나님께 친숙한 이름을 붙이는 것과는 다르다. 하나님을 '아바'라고 부르는 것은 예수께서 누리셨던 것과 동일한 관계에 들어가는 것이다. 그것은 친밀한 관계, 두려움이 없는 관계, 신뢰의 관계, 능력을 입는 관계다. 이 관계를 성령이라고 하는데, 예수께서 우리에게 주신 이 성령으로 말미암아 우리는 능히 하나님을 '아바 아버지'라고 부를 수 있다.

하나님을 '아바 아버지'라고 부르는 것은 마음의 부르짖음이요 우리의 가장 깊은 존재에서 솟아오르는 기도다(롬 8:15, 갈 4:6 참조). 그것은 하나님께 호칭을 붙이는 것과는 거리가 멀며, 오히려 하나님을 우리 존재의 근원으로 주장하는 것이다. 이러한 주장은 어떤 돌연한 깨달음이나 득도에서 오는 것이 아니다. 예수의 영께서 우리의 영과 더불어 그렇게 주장하시는 것이다. 그것은 사랑의 주장이다.

렘브란트의 그림을 자세히 보면 아들을 집으로 맞아들이는 자애로운 어머니의 이미지도 보인다. 하나님은 인격적이시되 성性과 모든 한계를 초월하신다. 렘브란트 그림 속의 반겨 맞는 인물 속에서 나는 '아들의 목을 안는' 아버지만 아니라 아들을 어루만지고, 자기 몸의 온기로 감싸며, 본래의 태어났던 태에 품는 어머니도 본다. 렘브란트 그림에 나오는 천막같기도 하고 날개같기도 한 그 옷자락을 볼 때마다 나는 하나님의 사랑이 가진 모성적인 특성을 느낀다. 그러면서 내 심장은 시편기자가 감동을 입었던 말씀으로 노래하기 시작한다.

지존자의 은밀한 곳에 거하는 자는 전능하신 자의 그늘 아래 거하리로다. 내가 여호와를 가리켜 말하기를 저는 나의 피난처요 나의 요새요 나의 의뢰하는 하나님이라 하리니…… 저가 너를 그 깃으로 덮으시리니 네가 그 날개 아래 피하리로다(시 91편).[21]

〈탕자의 귀향〉의 더 깊은 의미는 하나님의 태로 귀향하는 것, 존재의 근원 자체로 귀향하는 것이다. 예수께서 니고데모에게 위에서 다시 날 것을 권고하신 그 말씀이 여기에 다시금 메아리치고 있다. 여기서 내게 보이는 것은 자신의 형상대로 빚으신 생명을 자신의 태 안으로 다시 받아들이시는 하나님 어머니이시다. 침침한 듯한 눈, 손, 옷자락, 등이 굽은 몸, 이 모두는 비탄과 그리움과 희망과 끝없는 기다림으로 점철된 하나님의 모성애를 보여준다.

궁휼이 무한하신 하나님께서 자신을 자녀들의 생명과 영원히 결탁시키셨다는 것은 신비가 아닐 수 없다. 피조물들에게는 자유를 선물로 주시고 자신은 그들에게 의존하는 쪽을 거침없이 택하신 것이다. 이 선택 때문에 그분은 그들이 떠나면 가슴 아파하시고, 그들이 돌아오면 기뻐하신다. 그러나 그분께 생명을 받은 모든 사람들이 집으로 돌아와 준비된 식탁에 함께 둘러앉기까지 그분의 기쁨은 온전할 수 없다.

탕자의 비유는 사랑을 말하는 이야기다. 그 사랑은 일체의 거부가 가능하기 이전부터 존재했고, 모든 거부가 발생한 이후에도 여전히 존재할 것이다. 이것은 아버지이자 어머니이신 하나님의 처음이자 영원한 사랑이다.

하나님은 숨어 계신다

하나님의 세 번째 측면은 받아들이기 아주 어려운 것이다. 하나님은 찾을 수 있는 분이자 또한 숨어 계시는 분이며, 임재하시는 분이자 또한 부재하시는 분이다. 『무지의 구름 *The Cloud Unknowing*』[22]이라는 고전 신비 문서는 하나님이 숨어 계시다는 이 신비로운 측면을 찬미하고 있다.

우리가 삶 속에서 하나님 임재의 실체를 처음 경험할 때, 집으로 돌아와 하나님의 인격적이고 자애로운 품에 안길 때, 그때 우리는 하나님의 숨어 계심과 부재의 진리에서 일단 보호를 받는다. 그러나 결국은 그것도 신성의 한 단면임을 깨닫게 될 수 있다.

결국 인간의 머리로는 하나님을 이해하거나 헤아릴 수 없음을 우리는 알게 된다. 하나님의 총체적인 진리는 우리 인간의 역량을 벗어난다. 그나마 거기에 근접하는 유일한 길은 온전한 진리를 '소유' 내지 '보유'할 수 없는 인간의 한계를 끊임없이 강조하는 것이다. 우리는 하나님이나 역사 속에 계시는 그분의 임재를 설명할 수 없다. 하나님을 어떤 특정한 사건이나 상황과 동일시하는 순간 우리는 하나님을 기롱하고 진리를 왜곡하는 것이다. 하나님은 지금껏 우리를 버리지 않으셨으며, 삶의 모든 설명할 수 없는 부조리 속에서 우리를 부르신다. 그것을 인정할 때에만 우리는 진실할 수 있다.

당신이 하나님으로 말미암아 빚어지기를 의식적으로 구한다면, 그점을 깊이 인식하는 것이 매우 중요하다. 하나님이 일하고 계신 곳과 그렇지 않은 곳이 어디이며 하나님이 임재하시는 때와 그렇지 않을 때가 언제인지 나 자신에게나 다른 사람들에게 말해주고 싶은 것은 대단한 유혹이다. 그러나 어떤 기독교 지도자나 사제나 목사, 어떤 수사나 수녀, 어떤 영성 지도자나 할 것 없이 하나님에 대한 어떤 '특별한' 지식을 가지고 있는 사람은 아무도 없다. 하나님의 충만하심은 인간의 어떤 개념이나 예측으로 제한될 수 없다. 하나님은 우리의 생각과 마음보다 크시며, 완전히 자유자재로 친히 원하실 때에 원하시는 곳에서 자신을 계시하신다.

디트리히 본회퍼는 『옥중서간』에 "우리와 함께 계시는 하나님은 우리를 버리시는 하나님이다(막 15:34). 하나님 앞에서 하나님과 함께 우리는 하나님 없이 산다"[23]고 썼다. '하나님은 누구이며 나에게 누구인가?'라는 의문을 묵상할 때, 우리는 연약한 우리의 삶이 사실은 양편의 어둠 사이에서 흔들리고 있다는 섬뜩한 진리에 부딪친다. 우리는 출생의 어둠 속에서 머뭇머뭇 나와서 죽음의 어둠 속으로 천천히 사라져간다. 흙에서 흙으로, 무지에서 무지로, 신비에서 신비로 옮겨가는 것이다.

출생과 죽음이 일생의 양끝에 서 있는 두 개의 장대라면, 우리는 그 정해진 장대에 걸린 가느다란 인생의 밧줄 위에서 아슬아슬하게 균형을 잡으려 애쓰고 있다. 우리는 보이지 않는 것들과 알 수 없는 것들의 실체에 둘러싸여 있는데, 그 실체는 우리 삶의 모든 부분을 공포로 가득 채우면서도 동시에 살아 있음의 비밀스런 신비를 그 안에 품고 있다. 그 비밀이란 이것이다. "흑암에 앉은 백성이 큰 빛을 보았고"(마 4:16). 이 빛은 가려질 수는 있어도 꺼질 수는 없다. 영원무궁토록 비치는 빛이다.

하나님의 빛은 어둠을 초월한다. 우리의 마음과 머리를 초월하고, 우리의 감정과 생각을 초월하고, 우리의 기대와 갈망을 초월하고, 우리의 삶을 구성하는 모든 사건과 경험을 초월한다. 그러면서도 하나님은 그 모든 것의 중심에 계신다.

기도와 묵상 가운데 하나님의 임재는 절대로 하나님의 부재와 따로 있지 않고, 하나님의 부재는 절대로 마음속의 하나님의 임재와 따로 있지 않다. 하나님의 임재는 타인과 가까이 있는 인간의 경험을 훌쩍 넘어서는 것인 만큼, 자칫 부재로 착각되기 쉽다. 반면에 하나님의 부재가 하도 절절히 느껴져서 하나님의 임재에 대한 새로운 의식으로 이어질 때도 종종 있다. 시편 22편 1-5절에 그것이 아주 생생히 표현되어 있다.

> 내 하나님이여, 내 하나님이여, 어찌 나를 버리셨나이까.
> 어찌 나를 멀리하여 돕지 아니하옵시며 내 신음하는 소리를 듣지
> 아니하시나이까.
> 내 하나님이여, 내가 낮에도 부르짖고
> 밤에도 잠잠치 아니하오나 응답지 아니하시나이다.
> 이스라엘의 찬송 중에 거하시는 주여,
> 주는 거룩하시니이다.
> 우리 열조가 주께 의뢰하였고
> 의뢰하였으므로 저희를 건지셨나이다
> 저희가 주께 부르짖어 구원을 얻고

주께 의뢰하여 수치를 당치 아니하였나이다.

버림받은 심정을 토로한 이 기도는 이스라엘 백성들의 경험의 표현일 뿐만 아니라 그리스도인들의 경험의 중심이기도 하다. 예수께서 십자가 위에서 이 말씀을 그대로 외치시던 그때, 처절한 외로움과 온전한 수용이 서로 만났다. 완전히 비워진 그 순간에 모든 것이 채워졌다. 그 어두움의 시간에 새로운 빛이 드러났다. 죽음이 목격되는 동안에 생명이 긍정되었다. 하나님의 부재가 가장 큰 소리로 표현되는 곳에서 하나님의 임재가 가장 심오하게 계시되었다.

이렇듯 하나님의 부재에 대한 깊은 의식만이 하나님의 임재의 신비를 만질 수 있다. 부재하시는 하나님에 대한 그리움 속에서 우리는 그분의 발자국을 발견하게 된다. 하나님의 임재를 깨달을 때에야 우리는 사랑의 손길이 우리를 만지신 것을 알게 된다. 기도할 때 우리는 바로 하나님의 어둠과 하나님의 빛, 즉 하나님의 부재와 하나님의 임재의 그 신비 속으로 들어가는 것이다.

우리 마음의 중심으로 또는 신비가들이 말하는 '무지의 구름' 속으로 일단 들어가면, 우리는 더 깊은 방식으로 하나님을 알게 된다. 그분을 우리의 창조주요 구속자요 부양자로, 우리 존재의 근원이요 중심이요 목적이신 하나님으로, 조건 없는 사랑을 우리에게 무궁무진하게 주기 원하시는 하나님으로, 그리고 우리의 마음과 영혼과 뜻을 다하여 우리에게 사랑받기 원하시는 하나님으로 알게 되는 것이다.

무지의 구름 속에서 하나님의 임재와 하나님의 부재의 구분은 허물어진다. 그곳은 다른 모든 만남이 의미를 얻게 되는 위대한 만남의 자리다. 그곳은 우리와 함께 계시는 하나님, 아버지이자 어머니이신 하나님, 부재하시면서도 임재하시는 하나님처럼 하나님의 다양한 모습들이 하나로 만나는 곳이다. 마음의 고독 속에서, 영혼의 심연 속에서, 무지의 구름 속에서 우리는 하나님을 만난다.

하나님은 우리를 찾고 계신다

우리의 기도 대상이신 하나님에 대한 네 번째 진리는 하나님이 우리를 찾고 계시다는 것이다. 우리가 하나님을 찾는 것이 아니라 하나님이 우리를 찾으신다.

하나님은 잃은 양을 찾아다니는 그 선한 목자다. 하나님은 잃어버린 동전을 찾기까지 등불을 켜고 집을 쓸며 샅샅이 뒤지는 그 여자다. 하나님은 꼼짝도 않고 집에 남아서, 자식들이 찾아와 못된 행동을 사죄하고 용서를 애원하면서 더 잘하겠다고 다짐하기를 바라는 족장이 아니다. 하나님은 오매불망 자식을 기다리고, 달려나가 맞이하고, 끌어안고, 간곡히 타이르고, 신신당부하여 집으로 들이는 아버지다. 이상하게 들릴지 모르지만 우리가 하나님을 찾기 원하는 것 못지않게, 아니 그 이상으로 하나님이 우리를 찾기 원하신다.

인생의 대부분을 나는 하나님을 찾고 하나님을 알고 하나님을 사랑하려고 씨름했다. 항상 기도하고, 남을 위하여 봉사하고, 성경을 읽는 등 영적인 삶의 지침들을 따르려고, 방탕하려는 많은 유혹을 피하려고 열심히 애썼다. 실패할 때도 많았지만 언제나 다시 시도했고, 절망하기

직전일 때도 그랬다.

그 기간 내내 하나님이 나를 찾으시고 나를 아시고 나를 사랑하려고 애쓰셨다는 것을 과연 내가 충분히 알고 있었을지 의문이다. 문제는 '내가 어떻게 하나님을 찾을 것인가'가 아니라 '어떻게 하나님이 나를 찾으시도록 해드릴 것인가'이다. 문제는 '내가 어떻게 하나님을 알 것인가'가 아니라 '어떻게 하나님이 나를 아시도록 해드릴 것인가'이다. 문제는 '내가 어떻게 하나님을 사랑할 것인가'가 아니라 '어떻게 하나님이 나를 사랑하시도록 해드릴 것인가'이다. 궁극적으로 문제는 '나에게 하나님은 누구인가'가 아니라 '하나님께 나는 누구인가'이다.

기쁜 소식은 하나님이 지금도 나를 찾아 지평을 살피신다는 것이다. 그분은 나를 찾으려고 하시며, 나를 집으로 데려가기를 간절히 바라신다. 그와 마찬가지로 하나님은 당신도 찾고 계신다.

헨리 나우웬의 영성 교실

│ 오늘의 할 일 ▶

하나님은 누구인가? 하나님은 어떤 분인가? 나에게 하나님은 누구인가? 마음의 영원한 의문인 이러한 의문들에 당신은 어떻게 답하겠는가? 당신의 영성 지도자나 기도 그룹과 함께 토의해보라.

시편 46편을 묵상하고 하나님의 속성과 갈망에 대한 네 가지 '부분적인 진리'를 소그룹에서 토의해보라. 하나님은 우리와 함께 계신다. 하나님은 인격적이시다. 하나님은 어둠을 초월한 빛으로, 부재 속의 임재로 숨어 계신다. 하나님은 우리가 처한 곳에서 우리를 찾고 계신다. 이 중에 당신의 영적인 경험과 가장 상통하는 진리는 무엇인가? 당신의 영성 지도자나 기도 그룹과 함께 토의하라.

당신에게 명상 기도 및 묵상 훈련을 개발할 것을 권하고 싶다. 이는 하나님이 당신을 찾고 계심을 '가만히 있어' 마음속으로 '아는' 하나의 길이다. 호렙산의 엘리야 선지자를 떠올려보라. 그가 하나님의 임재를 경험한 것은 강한 바람 속도 아니었고, 요란한 지진 속도 아니었고, 삼키는 불 속도 아니었다. 그는 하나님이 속삭임으로, 작고 세미한 음성으로 말씀하시는 것을 들었다(왕상 19:9-13 참조). 모닥불에 둘러앉아 시편 46편을 노래하는 이스라엘 공동체를 상상해보라. 하나님은 노호하는 산, 쏟아지는 바위, 흉용하는 바다의 소란에서 그들을 구원하셨다. 하나님은 그들의 피난처와 힘, 환난 중에 상존하는 도움이셨다. 그래서 그들은 두려워하지 않았다. 대신 그들은 노래를 불렀고, 가만히 있게 되었다. 하나님의 속삭임에 귀를 기울였다. 명상 기도와 묵상을 실행하면 하나님의 속삭임에 더 민감해진다.

그런 취지에서 시편 46편 10절 말씀에 대한 간단한 묵상을 하나의 연습 활동으로 제시하고자 한다.[24] 이 구절을 고독 속에서 읽거나 아니면 소수의 친구들이 모인 자리에서 다른 사람이 낭독하는 것을 듣는다. 읽는 사람은 간간이 침묵을 두면서 천천히 읽는다. 그러고 나서 당신의 묵상 경험을 당신의 영성 지도자나 영혼의 친구와 함께 토의한다.

시편 46편 10절 말씀의 묵상 안내

너희는 가만히 있어 내가 하나님 됨을 알지어다.
가만히 있으라. 조용하라. 침묵하라. 침잠하라.
현존하라. 지금 있으라. 여기 있으라.

제자의 첫째 과제는 주님과 함께 있는 것이다. 그분의 발밑에 앉아서 그분의 모든 말씀과 행동과 질문에 주목하고 경청하는 것이다.

우리 주님은 우리가 필요로 하고 원하는 모든 것이다. 우리의 요새, 피난처, 목자, 지혜이시다. 하나님은 우리를 돌보시고, 먹이시며. 우리에게 생명을 주신다.

가만히 있으라. 그것은 어려운 일이다. 하나님이 우리에게 말씀하시도록 우리 안에서 숨 쉬시고 우리 안에서 행하시고 우리 안에서 기도하시도록 해드린다는 뜻이다. 하나님이 우리 존재의 가장 숨은 부분들에 들어가시도록 해드리는 것이다. 우리에게 상처가 되고 고통을 줄 수도 있는 곳까지도 하나님이 만지시도록 해드리는 것이다.

가만히 있는다는 것은 신뢰하는 것, 내어맡기는 것, 내려놓는 것, 믿음을 갖는 것이다.

가만히 있으라. 하나님은 존재하시고 행동하시되 어쩌다 한 번만이 아니라, 특별한 경우에만이 아니라 항상 그러신다. 가만히 있어, 당신에게 항상 말씀하시는 분의 음성을 듣고 항상 행동하시는 분의 행동을 느끼고 항상 임재하시는 분의 임재를 맛보라.

알지어다. 알게 되어라. 참된 지식 온전하고 친밀한 앎이다.

일종의 진단이다. 속속들이 아는 것이다. 마음으로 아는 것, 마음이 아는 것이다. 가만히 있어 알지어다. 그 고요한 지식으로 오라. 아주 불안한 지식, 혼란과 산만함과 분열을 가져다주는 지식도 있다. 그러나 하나님을 아는 것은 마음의 앎이고 전 존재의 앎이다. 앎이자 또한 보고 듣고 만지고 냄새 맡는 것이다.

너희는 가만히 있어 내가 하나님 됨을 알지어다.

본래 이것은 두려운 지식이 아니라 평화로운 지식이다. 하나님은 죽은 자들의 하나님이 아니라 산 자들의 하나님이다. 복수의 하나님이 아니라 사랑의 하나님이다. 내가 하나님 됨을 너의 하나님 됨을 알지어다. 오직 사랑이신 하나님 그 무한하고 조건 없는 사랑으로 너를 만지시는 하나님 됨을 알지어다.

너는 가만히 있어 내가 너를 사랑함을 알지어다. 내 손바닥 안에 너를 품고 있음을, 내가 네 머리털까지 세고 있음을, 네가 내 눈동자처럼 소중한 존재임을, 네 이름이 내 마음속에 기록되어 있음을 알지어다.

"두려워 말라. 내니라."

우리 안에 하나님의 사랑에서 숨어야 할 것은 아무것도 없다. 우리의 죄책감, 수치심, 두려움, 죄, 그분은 그것을 보기 원하신다. 만지고 치유하기 원하신다. 그분 자신을 알리기 원하신다. 사랑의 주님 외에 다른 하나님은 없다.

너희는 가만히 있어 내가 하나님 됨을 알지어다. 하나님은 폭풍 속에도 계시지 않고, 지진 속에도 계시지 않고, 불 속에도 계시지 않고, 작고 세미한 음성, 산들바람, 완전한 침묵 속에 계신다.

너희는 가만히 있어 내가 하나님 됨을 알지어다. 이 말씀을 품고서 다가오는 한 주를 맞이하라. 이 말씀을 작은 씨앗처럼 당신 마음의 좋은 땅에 심고 잘 자라게 하라.

너희는 가만히 있어 내가 하나님 됨을 알지어다.

마무리 기도

오 주님, 주께서 저를 만나주시고, 제 이름을 불러주시고, 평안의 말씀을 해주실 곳이 침묵 속, 고요한 순간, 제 마음의 잊혀진 구석임을 이제는 압니다. 제가 가만히 있어 주님을 이름으로 알게 해주소서.

- 당신의 하나님상은 어떤 분인가? 눈을 감을 때 당신에게 떠오르는 그분의 모습과 소리는 어떤 것인가?
- 당신이 하나님의 부재를 느꼈던 적은 언제인가? 하나님의 반갑지 않거나 익숙지 못한 일면이 당신의 믿음에 끼친 영향은 무엇인가?
- 당신이 하나님의 인격적인 임재를 느꼈던 적은 언제인가? 그 경험은 당신의 믿음을 어떻게 굳게 해주었는가?

말씀을 듣는 습관
_ 영적 독서 · 영적 글쓰기

✽ 나는 글쓰기가 실은 기도의 한 형태임을 깨닫게 되었다. 글쓰기는 또 공동체를 만들어내기도 했다.

스케테에서 어떤 형제가 사부 모세를 찾아가 한 말씀을 구했다. 그러자 노옹은 이렇게 말했다. "가서 네 독방에 앉아 있으라. 그러면 독방이 네게 모든 것을 가르쳐줄 것이다."

한 형제가 사부 히에라쿠스에게 한 말씀을 청했다. "어떻게 하면 구원을 얻을 수 있습니까?" 노옹은 그에게 말했다. "네 독방에 앉아 있으라. 배고프거든 먹고, 목마르거든 마시라. 다만 아무에 대해서도 나쁘게 말하지 말라. 그러면 구원을 얻을 것이다."

사부 후페리키우스가 독방에서 침묵 중에 말했다. "다른 사람들을 말로 아니라 행동으로 가르치는 사람이 참으로 지혜로운 사람이다.[25]

4~5세기경 이집트 사막의 남녀 교부들 세계에는 수련 수사가 선배 수사를 찾아가서 "사부님, 저에게 주실 말씀이 있습니까?"라고 묻던 일이 드물지 않았다. 대개 사부는 구도자들이 하나님의 말씀을 듣도록 도와주었다. 말씀 속에서 하나님을 찾고자 했던 이들 사막의 그리스도인들에게 말씀은 세 가지 의미가 있었다. 첫째는 살아 계신 말씀(로고스), 즉 예수님을 의미했다. 둘째는 기록된 말씀, 즉 성경을 의미했다. 그리고 셋째는 입을 통해 나온 구두의 말씀(레마)인데, 이것은 침묵과 겸손한 마음에서 선지자에게서 흘러나와서 누군가의 현 상태를 향하여 하는 말이다. 살아 계신 말씀, 기록된 말씀, 구두의 말씀은 하나님께서 우리에게 말씀하시는 세 가지 방식이다. 이 셋에 나는 기도하는 마음으로 신중하게 네 번째를 덧붙이고 있다. 말씀을 기록하는 것인데, 이는 자신의 삶 속에서 말씀을 듣고 식별하는 일에 당신이 직접 참여할 것을 독려하기 위한 것이다.

말씀에 순종하면 하나님의 일을 하는 데 변화가 생긴다

영원하고 창조력 있는 살아 계신 말씀은 숨어 있기도 하고 예수님의 삶과 가르침 속에 계시되어 있기도 한데, 그것을 듣는 것이 예수님을 만나는 첫 번째 길이다. 요한복음은 이렇게 시작된다.

태초에 말씀이 계시니라. 이 말씀이 하나님과 함께 계셨으니 이 말씀은 곧 하나님이시니라. 그가 태초에 하나님과 함께 계셨고 만물이 그로 말미암아 지은바 되었으니 지은 것이 하나도 그가 없이는 된 것이 없느니라. 그 안에 생명이 있었으니 이 생명은 사람들의 빛이라. 빛이 어두움에 비취되 어두움이 깨닫지 못하더라 (요 1:1-5).

요한복음의 이 본문에는 예수님에 관한 한 가지 핵심 진리가 강조되어 있다. 즉, 그분은 신기하게도 창조 전부터 존재하셨고, 인류에게 생기를 주시며, 시간과 모든 피조물을 초월하신다. 이런 부류의 말씀은 지면에 묶이지 않고, 창조하며 행동한다. 요한은 로고스라는 그리스어 단어를 써서 그 의미를 담아낸다.

나 자신의 말은 때로 그 창조력을 잃는다. 우리의 실존을 규정하는 많은 말들과 대비되어 하나님의 이 창조력 있는 말씀이 존재한다. 살아계신 말씀은 하나님의 영원한 침묵에서 태어난다. 우리가 증거하고자 하는 것도 바로 침묵에서 나온 이 창조력 있는 말씀이다.

말씀이 마리아의 태에서 성육신하기 전에 그녀는 하나님의 말씀을 증거했다. 그녀의 순종적인 경청 덕분에 말씀은 그녀 안에서 육신이 될 수 있었다. 경청이란 매우 취약한 자세다. 마리아는 매우 취약하고 완전히 열려 있고 매우 수용적이었기에 자신의 전 존재로 경청할 수 있었다. 그녀 안에는 천사가 알린 말씀에 대항하는 것이 하나도 없었다. 마리아는 열심히 귀와 마음을 기울였다. 그래서 그녀의 이해와 통제를 훌쩍 넘어서 그녀 안에서 약속이 성취될 수 있었다. 마리아는 말했다. "주의 계집종이오니 말씀대로 내게 이루어지이다"(눅 1:38).

경청은 하나님의 살아 있고 창조력 있는 말씀에 마음이 열려 있는 사람의 중심 태도다. 기도는 하나님 말씀을 듣는 것, 마음을 열고 하나님의 영향력을 수용하는 것이다. 교회들과 기관들에서 진정한 경청이 갈수록 어려워지고 있다. 사람들은 경계를 풀지 않고, 자신의 약한 면을 내보이기를 두려워하며, 어떻게든 성공하고 똑똑한 사람으로 보이려고 한다. 우리의 경쟁적인 현대 사회에서 경청은 "상대방을 체크하는" 방법일 때가 많다. 그것은 방어 자세로서, 자신에게 일체의 새로운 일이 벌어지는 것을 좀처럼 허용하지 않는 것이다. 그것은 의심이 많아서 잘 수용하지 못하고, 무엇이 내게 쓸모 있는지 여부를 따지는 것이다. 시편기자는 그렇게 마음이 강퍅해져서는 안 된다고 경고한다.

> 너희가 오늘날 그 음성 듣기를 원하노라. 이르시기를 너희는 므리바에서와 같이 또 광야 맛사의 날과 같이 너희 마음을 강퍅하게 말지어다. 그때에 너희 열조가 나를 시험하며 나를 탐지하고 나의 행사를 보았도다(시 95:7-9).

여기서 하나님의 말씀은, 당신의 마음을 강퍅하게 하지 말고 사랑의 음성을 들으라는 것이다.

이렇게 경청하려면 예수님을 우리 삶의 본으로 삼고 예수께서 보이신 삶의 방식을 전심으로 따라야 한다. 이런 경청은 개인적인 기도생활을 전제로 한다. 또 예수께서 하나님의 살아 계신 말씀으로서 오늘도 세상 속에서 활동하고 계신다는 믿음을 전제로 한다.

　성육신하신 생명의 말씀을 경청하는 것이야말로 기독교 신앙의 핵이다. 이런 경청의 지순한 형태를 우리는 마리아에게서 본다. 그래서 사촌 엘리자베스는 그녀를 "복되다"고 한 것이다. 그녀가 하나님의 어머니가 될 뿐만 아니라 모든 신실한 자들의 어머니가 된 것은 그녀가 자기 안에서 육신이 된 그 말씀에 순종했기 때문이다. 신실해지기 원하는 우리도 그와 똑같은 순종으로 부름 받았다. 우리가 말씀을 신실하게 경청할 때 말씀은 우리 안에서 육신이 되어 우리 가운데 거하신다.

　하나님의 말씀이신 예수님은 인류 안에 숨어 계신다. 그분 안에서 하나님은 한 인간이 되셨다. 아주 열악한 상황에 처한 작고 압제받는 민족 가운데서 말이다. 그분의 생애에는 호화로운 것이 하나도 없다.

　심지어 예수님의 기적들을 보아도 우리는 그분이 자기를 선전하려고 사람들을 고쳐주거나 살려주신 것이 아님을 알 수 있다. 그분은 사람들을 막아 입도 벙긋하지 못하게 하곤 하셨다. 그분은 자기 나라의 통치자들에게 업신여김을 당하셨고, 두 범죄자 사이에서 치욕스러운 죽임을 당하셨다. 그분의 부활은 숨은 사건이었다. 그분을 부활하신 주님으로 뵌 사람들은, 그분이 죽으시기 전에 그분을 친밀하게 알았던 제자들과 소수의 남녀들뿐이었다. 그분의 생애도 죽음도 부활도 하나님의 엄청난 능력으로 우리를 깜짝 놀래주려는 것이 아니었다. 하나님은 육신의 형태를 입으시고, 낮게 숨어서 거의 눈에 띄지 않는 하나님이 되셨다. 그것이 말씀의 진정한 능력이다.

　혹시 당신은 하나님의 말씀을, 밖에 나가서 당신의 삶을 고치라는 하나님의 훈계로 생각할지도 모른다. 그러나 말씀의 충만한 능력은 당신이 말씀을 듣고 나서 삶에 적용하는 데 있는 것이 아니라 말씀을 듣는 동안 그 변화의 능력이 당신 안에서 하나님의 일을 행하는 데 있다.

영적인 독서는 하나님의 임재에 참여하는 것이다

하나님을 만나는 두 번째 방법은 하나님의 기록된 말씀 속에서 살아 계신 말씀을 듣는 것이다. 성경말씀 속에서 하나님의 말씀을 읽고 묵상하고 경청하면 하나님의 임재에 우리의 마음이 열린다. 우리가 어떤 문장이나 이야기나 비유를 경청하는 것은 단순히 교훈이나 정보나 영감을 얻기 위해서가 아니라 참으로 순종하는 믿음의 사람으로 빚어지기 위해서다. 이런 식으로 들을 때 성경은 우리의 길잡이가 된다. 복음서에는 하나님이 말씀 속에 자신을 드러내시는 예가 수두룩하다. 개인적으로 나는 나사렛 회당에 가신 예수님의 이야기에서 늘 감동을 받는다. 거기서 그분은 이사야서를 읽으시는데, 누가복음 4장 18~19절에 그것이 이렇게 기록되어 있다.

주의 성령이 내게 임하셨으니
이는 가난한 자에게 복음을 전하게 하시려고
내게 기름을 부으시고
나를 보내사 포로 된 자에게 자유를,
눈먼 자에게 다시 보게 함을 전파하며
눌린 자를 자유케 하고

주의 은혜의 해를 전파하게 하려 하심이라.

이 말씀을 읽으신 후에 예수님은 "이 글이 오늘날 너희 귀에[너희가 듣는 중에] 응하였느니라"고 말씀하셨다. 이 본문을 묵상하다 보면 우리는 가난한 자, 포로 된 자, 눈먼 자, 눌린 자들이 앞으로 언젠가 해방을 얻게 될 회당 바깥 저 어딘가의 사람들이 아님을 불현듯 알게 된다. 그들은 지금 여기서 예수님의 말씀을 듣고 있는 가난하고 궁핍한 사람들이다. 당신과 내가 곧 해방이 필요한 포로이고 영적으로 눈먼 자이며, 그래서 우리는 보기를 원한다. 당신과 내가 곧 눌린 자이며, 그래서 우리는 예수께서 자유케 해주시기를 바란다.

성경을 명상하며 읽는 것을 렉티오 디비나 lectio divina, 즉 영적인 독서라고 한다. 렉티오 디비나라는 말은 베네딕트회 전통에서 온 것으로, 주로 성경을 거룩하게 또는 신성하게 읽는 것을 가리킨다. 렉티오 디비나는 성경을 명상하며 읽던 고대 수도원의 습성이다.

말씀을 정복하기 위해서가 아니라 말씀에 정복당하려고, 말씀을 비판하기 위해서가 아니라 말씀에 도전을 받으려고 읽는 것이다. 그것은 성경을 '무릎 꿇고' 읽는다는 뜻이다. 당신의 상황 속에서 당신에게 주실 독특한 말씀이 하나님께 있다는 깊은 확신을 품고서 경건하게 차근차근 읽는 것이다. 한마디로 영적인 독서란 말씀이 나를 읽고 해석하도록 하는 독서다. 영적인 독서는 하나님의 말씀을 묵상하는 훈련이다. 묵상한다는 것은 '말씀이 우리의 머리에서 가슴으로 내려가게 한다'는 뜻이다. 묵상이란 말씀을 씹어서 우리의 삶 속으로 통합한다는 뜻이다.

그것은 하나님의 기록된 말씀이 각자의 개인적인 말씀이 되어 우리 존재의 중심에 닻을 내리게 하는 훈련이다.

영적인 독서는 우리 영혼의 양식이다. 우리는 말씀을 침묵 속으로 받아들여서, 거기서 그것을 되새김질하고 숙고하고 소화하여 우리 안에서 육신이 되게 한다. 그런 면에서 렉티오 디비나는 하나님이 우리의 세계 속에 지속적으로 성육신하시는 것이다.

영적인 독서는 말씀의 성례이며, 하나님의 진정한 임재에 참여하는 것이다. 꾸준한 영적 실천을 통하여 우리는 기록된 말씀 속에서 살아 계신 말씀을 알아들을 수 있는 내면의 귀가 열린다. 그리고 그 말씀은 우리의 가장 내밀한 필요와 열망들을 향하여 직접 말한다. 성경을 영적으로 읽을 때 우리는 하나님과 하나님의 말씀에 초점을 두는 것이다. 우리는 말씀을 구하고, 그 다음에는 기도 가운데 그 말씀에 집중한다. 그렇게 특정한 성경말씀을 경청하는 중에 하나님은 불현듯 임재하시어 치유와 구원을 베푸신다.

흔히 독서란 정보를 수집하고, 새로운 통찰과 지식을 획득하고, 새로운 분야를 정복한다는 뜻이다. 독서에 힘입어 우리는 학위와 증서와 자격증을 딸 수 있다. 그러나 영적인 독서는 다르다. 그것은 단순히 영적인 것들을 읽는 것이 아니라 영적인 것들을 영적인 방식으로 읽는다는 뜻이다. 그러려면 읽기만 하는 것이 아니라 자신이 읽혀지려는, 그저 정복하는 것이 아니라 말씀에 정복당하려는 의지가 필요하다. 성경이나 영적인 책을 단순히 지식을 얻으려고 읽는 한 우리의 독서는 영적인 삶에 도움이 되지 않는다. 우리는 진정 영적인 사람이 되지 않고도 영적인 일들에 아주 해박해질 수 있다.

하나님 말씀을 읽는 독서는 무엇보다 우선 명상과 묵상으로 이어져야 한다. 영적인 것들을 영적으로 읽을 때 우리는 하나님의 음성에 마음을 여는 것이다. 읽던 책을 기꺼이 내려놓고, 그 말씀을 통하여 하나님이 하시는 말을 그냥 들어야 할 때도 있다.

지적인 현대 세계에서 영적인 독서는 결코 쉽지 않다. 우리는 무엇을 읽든지 모두 분석과 토론에 붙이는 경향이 있다. 말씀을 분해할 것이 아니라 내 가장 깊은 존재 안에서 말씀을 종합해야 한다. 읽는 내용이 내 생각과 같은지 다른지를 따질 것이 아니라 어떤 말씀이 나에게 직접 주시는 것이며 나만의 개인적인 이야기와 직결되는지를 물어야 한다. 말씀을 흥미로운 대화나 논문의 잠재적인 주제로 생각할 것이 아니라 우리 마음의 꼭꼭 숨은 구석들에까지 기꺼이 말씀이 뚫고 들어가게 해야 한다. 여태까지 어떤 다른 말도 들어간 적이 없는 그곳들에까지 말이다. 오직 그럴 때에만 말씀은 비옥한 땅에 뿌려진 씨가 되어 결실을 맺을 수 있다.

성경이 일차적으로 하나님에 관한 정보의 책이 아니라 심령을 빚어내는 책임을 깨달으면 도움이 된다. 성경은 단지 분석하고 따지고 토론할 책이 아니라 우리를 양육하고 통합하며 명상의 끝없는 원천이 될 책이다. 우리는 성경을 하나의 도구로, 즉 설교, 강의, 논문, 기사에서 내 논지를 피력하는 데 도움이 될 적절한 이야기와 예화가 가득한 책으로 읽으려는 유혹과 끊임없이 싸워야 한다. 우리가 성경을 이용하는 한 성경은 우리에게 말하지 않는다. 우리가 하나님의 말씀을 많은 유익한 일들에 소용되는 하나의 물건으로 대하는 한 우리는 진정으로 성경을 읽거나 성경에게 읽혀지는 것이 아니다. 우리가 기록된 말씀을 내게 주시는 말씀으로 기꺼이 듣고자 할 때에만, 살아 계신 말씀은 자신을 드러내시고 우리 심령의 중심으로 뚫고 들어오실 수 있다.

그렇다면 렉티오 디비나에는 우리가 읽는 말들 속에 언제나 하나님의 말씀이 있다는 신뢰가 수반된다. 그것은 말씀과 깊이 연결되는 말들을 주의 깊게 기다리는 것이며, 말씀이 우리를 어디로 인도하는지 세심히 분별하는 것이다. 그것은 경청의 한 형태로 어떤 말씀이 나 자신의 영적 여정을 위한 양식으로 나를 위하여 기록된 것인지 계속 되묻는 것이다. 더 중요하게, 그것은 말씀을 나의 전 존재, 다시 말해 내 현재의 상황, 과거의 경험, 미래의 꿈으로 받아서 읽는 방식이다. 기록된 말씀 앞에 우리의 전 존재를 내보일 때, 살아 계신 말씀이 지금 여기 우리의 독서 속에 계시될 수 있다. 성경을 이렇게 읽으면, 하나님의 이야기와 개개인의 이야기의 교차점에서 만난 살아 계신 말씀이 우리의 심령에 기록되어 우리를 영적으로 살리신다.

기록된 말씀이 천천히 우리의 머릿속에 들어가 마음으로 내려가게 해드리면, 우리는 이전과 다른 사람이 된다. 말씀이 점차 우리 안에서 육신이 되어 우리의 존재 전체를 바꿔놓는다. 하나님의 말씀을 읽고 묵상하면 그것을 통해서 하나님이 지금 우리 안에서 육신이 되시며, 우리를 오늘의 살아 있는 그리스도들이 되게 하신다.

침묵 속에서 말씀이 생명을 얻는다

말씀 속에서 하나님을 만나는 세 번째 길은 구두의 말씀(레마)을 통해서다. 주기도 하고 받기도 하는 이 말씀은 침묵에서 태동하며 고독의 무르익은 열매다.

선지자 엘리야는 호렙산 동굴의 침묵 속에서 하나님의 "작고 세미한 음성"을 들었다(왕상 19:13). 예수님은 "네 말로 의롭다 함을 받고 네 말로 정죄함을 받으리라"시며 말을 조심해서 하라고 듣는 자들에게 경고하셨다(마 12:36-37). 바울은 하나님의 구두의 말씀을 "성령의 검"이라고 표현한다(엡 6:17). 마가복음 1장 35~38장에는 이런 대목이 나온다.

> 새벽 오히려 미명에 예수께서 일어나 나가 한적한 곳으로 가사 거기서 기도하시더니 시몬과 및 그와 함께 있는 자들이 예수의 뒤를 따라가 만나서 가로되 "모든 사람이 주를 찾나이다."
>
> 이르시되 "우리가 다른 가까운 마을들로 가자. 거기서도 전도하리니 내가 이를 위하여 왔노라" 하시고.

예수님의 삶이 아주 바쁜 삶이었다는 데는 의문의 여지가 없다. 그분은 제자들을 가르치시랴 무리에게 설교하시랴 병자들을 고쳐주시랴 귀신을 쫓아내시랴 적들과 친구들의 질문에 답하시랴 이곳 저곳 돌아다니시랴 바쁘셨다. 예수님은 하시는 일들이 하도 많아서 혼자 있을 시간을 내시기가 어려웠다. 그런데도 그분은 방도를 내서 무리를 떠나셨고, 다급한 일들에서 물러나셨고, 고독과 침묵을 끌어안으셨다. 기도로 하나님과 단둘이 계시는 중에 그분은 하나님의 마음에서 직접 나오는 구두의 말씀을 들으실 수 있었다. 고독한 기도는 그분의 힘의 원천이고 그분의 지혜의 샘이고 그분의 말씀의 태였다. 하나님의 임재 안에 계시다 오신 후에 그분은 그 순간에 대한 하나님의 뜻을 분별하실 수 있었다. 고독과 침묵, 기도와 경청을 위하여 구별된 시간을 보내신 후에 그분은 남은 하루 동안 어디로 가서 뭐라고 말씀하시고 무엇을 하셔야 할지 아셨다. "이에 온 갈릴리에 다니시며 저희 여러 회당에서 전도하시고 또 귀신들을 내어 쫓으시더라"(막 1:39).

예수님의 하루 일과와 훈련을 생각해보라. "새벽 오히려 미명에 예수께서 일어나 나가 한적한 곳으로 가사 거기서 기도하시더니." 우리는 언제 일어나 어디로 가서 하나님과 단둘이 있으며 기도하는가? 오늘이라는 특정한 날에 무엇을 하고 무엇을 말해야 할지 우리는 어떻게 아는가? 우리는 어디로 가서 매일의 힘을 받고, 위에서 오는 지혜를 얻고, 하나님의 말씀을 듣는가?

누가복음에 보면 예수님이 베드로와 야고보와 요한과 함께 산에 올라가 기도하시는 장면이 나온다. 거기서 그들은 예수께서 기도하시는 중에 그 얼굴이 변화되는 것을 본다. 그분의 옷이 햇빛처럼 환해지고 구름이 그들을 둘러 덮는다. 눈앞의 광경은 두렵지만 그들에게 똑똑히 들려오는 음성이 있다. "이는 나의 아들 곧 택함을 받은 자니 너희는 저의 말을 들으라"(눅 9:28-36).

산 위에서 빛으로 충만하신 예수님을 보자 베드로와 야고보와 요한은 그 또렷한 환상의 순간이 영원히 지속되기를 원한다. 그들은 예수님의 정체를 일깨워주는 음성을 듣는다. 그 음성은 그들에게 그분의 말씀을 들으라고 말한다. 그들의 체험 내지 환상은 때(카이로스)가 찼고 은혜의 순간이 왔음을 알리는 것이었다.

말씀을 듣노라면 우리의 내면과 주변에 온전한 연합을 경험하게 되는 순간들이 있다. 우리의 정체와 소명이 또렷해지는 시원한 순간들이다. 그런 경험들 속에서 우리는 가장 열린 마음으로 하나님의 작고 세미한 음성을 듣게 된다. 그 음성은, 집중하여 경청하는 우리에게 희망과 축복의 개인적인 말씀을 들려주신다.

여기서 우리는 위대한 신비를 엿보게 된다. 우리가 침묵과 말씀을 통하여 동참하는 그 신비란 바로 하나님이 친히 말씀하신다는 신비다. 이런 순간들을 우리에게 주심은, 하나님이 멀리 느껴지고 모든 것이 허망하고 부질없어 보일 때 우리로 말씀을 기억하게 하기 위해서다. 우리가 산정山頂을 기억해야 할 곳은 바로 골짜기 속에서다. 말씀을 가장 절실히 들어야 할 때는 건기를 지날 때, 외롭거나 두려울 때다.

침묵하며 들었으면, 그 후에 우리가 말해야 할 때가 올 수 있다. 다른 사람에게 언제 어떻게 진리의 말이나 지혜의 말을 해야 할지 침묵이 우리에게 가르쳐준다. 힘 있는 말이란 침묵에서 나와서 열매를 맺고 침묵으로 되돌아가는 말이다. 그것은 우리와 타인들에게 침묵을 일깨워주는 말이다. 그 말은 침묵에서 나오며 그 영원한 침묵으로 우리를 도로 인도한다. 침묵에 뿌리를 두지 않은 말은 "소리 나는 구리와 울리는 꽹과리"(고전 13:1)처럼 들리는 약하고 힘없는 말이다.

침묵의 자리에서 하나님의 말씀을 말하는 것은 하나님 자신의 구두의 말씀에 동참하는 것이다. 그것은 영원에서 시간 속으로 들려온 말을 말하는 것이다. 그런 말은 고요한 사랑에서 나오며 그리하여 새 생명을 창조한다. 말의 근원은 침묵이다. 우리의 말이 더 이상 침묵과 연결되지 않고 침묵의 양분을 받지 못한다면, 그 말은 권위를 잃고 '말뿐인 말'로 전락하여 열매를 맺지 못한다. 그러나 우리의 말 속에 하나님의 영원한 침묵이 담겨 있으면 그 말은 참으로 생명을 줄 수 있다.

예를 들어보자. 당신이 만일 고통 중에 있는 사람에게 너무 성급히 "하나님은 당신을 눈동자처럼 사랑하십니다. 당신이 철저히 혼자인 것 같은 그때에도 하나님은 언제나 당신과 함께 계십니다"라고 말한다면, 그런 말은 도움보다는 오히려 해가 되는 입바른 소리에 지나지 않는다. 그러나 하나님의 음성을 오랫동안 경청하여 점차 그대로 빚어진 마음에서 그 똑같은 말을 한다면, 그 말이 진정 새 생명과 치유를 가져다줄 수 있다. 그래서 말은 곧 성례다. 말이 가리키는 실체가 말 자체 속에 들어 있는 것이다.

때로 우리는 생명을 주는 말, 나의 현 상황에 딱 맞는 말을 다른 사람한테서 들을 필요가 있다. 하나님은 때로 어떤 선지자를 보내서서, 꼭 필요할 때에 그런 개인적인 말을 우리에게 하게 하신다. 일례로 교인들은 목사에게 "오늘 목사님의 설교는 하나님 말씀을 저에게 직접 하시는 것 같았습니다"라고 말할 때가 종종 있다. 꼭 필요한 말이 때로는 하나님에게서 우리의 마음으로 직접 오기도 한다. 그러나 그보다는 내게 주시는 하나님의 말씀이 다른 사람들의 사랑의 말을 통해서 들려올 때가 더 많다.

내 인생에는 하나님과 동료 인간들과 단절되고 끊어진 것처럼 느껴질 때가 많이 있었다. 바로 그런 시기들에 나는 하나님이 누군가를 통하여 내게 말씀하시는 것을 들었다. 한마디를 해도 깊은 겸손과 사랑으로 말하는 사람을 통해서 말이다. 내가 그것을 받아들이면 내 안에 안전한 공간이 열렸고, 거기서 나는 내 하나님과 내 형제자매들을 새로운 방식으로 만날 수 있었다. 그런 일이 있을 때마다 나는 그 말의 침묵 속에 거함으로써 그 말이 더 깊어지게 하고 싶은 깊은 갈망을 느꼈다.

침묵은 영성 개발로 가는 왕도다. 침묵이 없으면 구두의 말씀은 열매를 맺을 수 없다. 뿐만 아니라 침묵을 통해서만 말씀은 머리에서 가슴으로 내려올 수 있다. 우리의 마음과 생각이 자신이 만들어내는 말들로 가득 차 있는 한, 말씀이 우리 마음속에 깊이 들어가 뿌리를 내릴 공간이 없다.

모든 구두의 말씀은 침묵에서 태어나서 끊임없이 침묵으로 돌아가야 한다. 침묵은 말에 힘과 풍성한 열매를 준다. 내면의 말은 침묵 속에서 구두의 말이 될 수 있다. 우리의 구두의 말은 그 말의 출처인 침묵의 신비를 드러내기 위한 것이다. 일단 말이 그 기능을 다하면 남는 것은 침묵이다. 도교 철학자 장자가 그것을 잘 표현했다.

투망의 목적은 물고기를 잡는 것이다. 물고기를 잡고 나면 투망은 잊어버린다. 토끼 덫의 목적은 토끼를 잡는 것이다. 토끼를 잡고 나면 덫은 잊어버린다. 말의 목적은 생각을 전달하는 것이다. 생각을 이해하고 나면 말은 잊어버린다. 말을 잊어버린 사람을 어디서 찾을

수 있을까? 바로 그 사람과 말벗이 되고 싶다.[26]

글쓰기를 통해 하나님의 영과 통한다

내 경우 말씀 속에서 하나님을 찾으려면 종종 기록을 해야 한다. 영적인 기록은 영성 개발에 아주 중요한 자리를 차지한다. 그럼에도 기록은 큰 고통과 불안을 야기할 때가 많다. 조용히 앉아서 자신의 창의력을 신뢰한다는 것이 얼마나 어려운지 정말 놀랄 정도다. 기록을 꺼리는 뿌리 깊은 저항이 있는 것 같다.

나 자신도 이런 저항을 수도 없이 여러 번 경험했다. 글을 쓴 지 오랜 세월이 지났는데도 나는 백지를 앞에 두고 있으면 정말 두려움이 느껴진다. 나는 왜 이렇게 두려운 것일까? 때로는 마음속에 가상의 독자가 있어서 내 어깨를 넘겨다보면서 내가 쓰는 말마다 족족 거부할 때도 있다. 때로는 이미 나와 있는 무수한 책들과 기사들에 주눅이 들 때도 있다. 누군가가 이미 더 잘 말했기 때문에 그렇지 않은 말이 아직도 남아 있는지 도저히 상상할 수 없을 때도 있다.

때로는 내가 정말 말하려는 것이 문장마다 잘 표현되지 못하고, 내 머릿속과 마음속에 있는 말을 기록 속에 도저히 담아낼 수 없을 것 같은 때도 있다. 이런 두려움들이 때로 나를 마비시켜서 집필 계획을 뒤로 미루거나 아예 포기하게 만든다.

그럼에도 그런 두려움을 극복하고 세상 속에 존재하는 나 자신의 독특한 방식뿐 아니라 그것을 말로 표현하는 내 능력을 신뢰할 때마다 나는 깊은 영적인 만족을 경험한다. 여태 나는 이 만족의 본질을 이해하려고 노력해왔는데, 점차 깨닫고 있는 바는 이것이다. 글쓰기를 통해서 나는 내 안에 계신 하나님의 영과 이어지며 나를 새로운 곳들로 인도하시는 방식을 경험하게 된다.

글쓰기를 생각이나 통찰이나 비전을 기록하는 것으로 생각하는 사람들이 많이 있다. 그들은 우선 뭔가 할 말이 있어야 그것을 지면에 옮길 수 있다고 생각한다. 그들에게 있어서 글쓰기란 이미 존재하는 생각을 기록하는 것에 다름 아니다. 그러나 그런 접근으로는 참된 글쓰기가 불가능하다. 글쓰기란 내 안에 살고 있는 것들을 발견해가는 과정이다. 우리 안에 살아 있는 것들이 무엇인지 글쓰기 자체를 통해서 밝혀진다. 글쓰기의 가장 깊은 만족은 글쓰기를 통해서 우리 안에 새로운 공간들이 열린다는 바로 그 점이다. 글을 쓰기 시작하기 전까지는 자신도 모르고 있던 공간들이다.

글을 쓴다는 것은 마지막 종착점을 모르는 여정을 떠나는 것과 같다. 그래서 글쓰기는 굉장한 신뢰의 행위를 요한다. 우리는 자신에게 "내 마음속에 무엇이 들어 있는지 나도 아직 모르지만 글을 쓰다 보면 그것이 나오리라고 믿는다"고 말해야 한다. 글쓰기는 내게 있는 몇 안 되는 빵과 물고기를 내주는 것과 같다. 그렇게 내줄 때에 그것이 크게 늘어날 것을 믿고서 말이다. 내게 오는 소수의 생각들을 일단 과감히 지면에 '내주면,' 우리는 그 생각들 밑에 얼마나 많은 것이 숨어 있는지 비로소 발견하게 되고, 그리하여 점차 자신의 부요와 자원과 이어지게 된다.

영성 개발에는 하나님이 우리 가운데 임재하시는 방식들을 찾아내려는 끊임없는 시도가 필요하다. 꾸준한 집필은 그렇게 하는 한 가지 중요한 방식이다. 지금도 기억나지만 라틴아메리카에 장기 체류하는 동안, 매일의 글쓰기는 내가 경험하고 있던 모든 것 속에서 하나님의 영이 어떻게 일하고 계신지를 분별하는 데 큰 도움이 되었다. 단절된 듯한 수많은 시각적, 정신적 자극들 밑에서 나는 '숨은 전체'를 발견할 수 있었다. 글쓰기 덕에 가능한 일이었다. 글쓰기를 통해서 나는 다양성 밑의 통일성, 요동하는 물살 밑의 도저한 저류를 만날 수 있었다. 글쓰기는 혼란스러운 실존의 한복판에서 하나님의 신실하심과 맞닿아 있을 수 있는 길이 되었다.

그런 상황들 속에서 나는 글쓰기가 실은 기도의 한 형태임을 깨닫게 되었다. 글쓰기는 또 공동체를 만들어내기도 했다. 기록된 말을 통해서 나는 하나의 공간을 창출할 수 있었고, 그러자 스쳐가는 인상들 속에서 뭔가 영속적인 것을 찾아내기 힘들어하던 사람들이 그 공간에 함께 모여서 각자의 경험을 신뢰할 수 있게 되었다. 이런 기록된 말들은 하나님의 신실하신 임재를 나타내는 선포가 되었다. 그것을 가장 기대하기 힘든 곳에서조차도 말이다.

끝으로, 영적인 글쓰기가 어려움에 처한 사람에게 어떻게 희망의 말씀을 계시해주었는지 짤막한 편지 한 통을 통해 나누고 싶다.

어떤 네덜란드인 병사가 체포되어 포로가 되었다. 적들은 그를 고국에서 먼 곳으로 데려갔고, 그래서 그는 가족 및 친구들과 완전히 끊어졌다. 집에서 아무런 소식도 오지 않아 그는 몹시 외롭고 두려웠다. 집에 사람이 살아 있는지, 고국의 상황은 어떤지 알 길이 없었다. 의문은 수없이 많았으나 그는 단 하나에도 답할 수 없었다. 살아야 할 이유가 아무엇도 남지 않은 것 같아 그는 절망했다.

그러던 중에 그는 뜻밖에 편지 한 통을 받았다. 편지는 이역만리를 거쳐 그에게까지 오느라고 구겨지고 손때가 묻어 있었다. 그저 종이 한 장이었지만 그 안에 들어 있을지도 모르는 말 때문에 그에게는 무엇보다 소중했다. 그는 편지를 뜯어 이 간단한 말을 읽었다.

"우리 모두 집에서 너를 기다리고 있다. 다 별 일 없다. 걱정하지 마라. 집에서 너를 다시 보게 될 것이다. 우리 모두 네가 보고 싶다."

이 짤막한 편지가 그의 삶을 바꾸어놓았다. 그는 어느새 기분이 밝아졌고 더 이상 절망하지 않았다. 살아야 할 이유가 있었다. 그의 삶의 외적인 환경들, 수용소에 갇혀 격리된 상태는 달라지지 않았다. 노동은 계속되었고 똑같이 어려운 일들을 겪었으나, 그의 내면은 완전히 달라진 기분이었다. 누군가 그를 기다리며 보고 싶어하는 사람이 있었다. 그에게는 아직 집이 있었다. 그날 그의 안에 희망이 다시 태어났다. 짤막한 편지에 간단한 말을 쓴 것이 한 생명을 구했다. 다른 사람의 말 속에 하나님의 말씀이 있었기 때문이다.

내가 말하려는 바는 이것이다. 하나님은 우리에게 성경이라는 연애편지를 쓰셨으니 이는 기록된 말씀이다. 기록된 말씀은 살아 계신 말씀을 가리킨다. 바로 예수님의 인격으로 성육신하신 하나님이다. 살아 계신 말씀과 기록된 말씀 둘 다를 통하여 하나님은 인격적으로, 고요한 음성으로 계속 말씀하신다. 우리는 침묵 속에서 하나님의 음성을 듣고 나서, 서로에게 하나님의 말씀을 말한다. 그리고 말씀을 기록하는 것 또한 우리와 다른 사람들에게 하나님의 말씀을 계시해준다.

이렇듯 살아 계신 말씀과의 인격적인 관계, 기록된 말씀을 명상하며 읽는 것, 구두의 말씀을 주거나 받기 이전의 고요한 묵상, 그리고 편지나 기도 일기로 말씀을 기록하는 영적인 행위는 우리가 하나님의 말씀을 듣는 네 가지 방식이다. 바꾸어 말한다면, 우리는 순종적인 경청, 신성한 독서, 겸손히 말하기, 영적인 글쓰기의 훈련들을 통해서 말씀 안에서 하나님을 만난다.

헨리 나우웬의 영성 교실

오늘의 할 일 ▶

1. 말씀 속에서 하나님을 찾는다

하나님의 말씀에 충실한 방식들로 듣고, 읽고, 말하고, 쓴다는 것은 어려운 영적 훈련들이다. 말씀 속에서 하나님을 찾는 네 가지 간단한 규칙을 소개한다.

살아 계신 말씀 곧 예수님을 명상 기도를 통하여 마음속으로 듣는다.

기록된 말씀을 렉티오 디비나의 실천을 통하여 열린 마음으로 읽는다.

당신이 하는 말들이 잔잔한 침묵과 겸손한 마음에서 태어나게 한다.

기도와 묵상 시간을 보낸 후, 하나님의 말씀으로 느껴지는 것을 연애 편지나 영적 묵상집에 기록한다. 당신의 영성 지도자나 기도 그룹에 그 내용을 나눈다.

우리 마음에 그리스도가 계시고, 우리 손에 성경이 있고, 우리 삶에 고독과 침묵의 시간이 있다면, 우리는 말씀 속에서 하나님을 찾을 수 있다. 하나님의 살아 계신 말씀은 우리를 침묵으로 끌어들이시고, 침묵은 우리로 하나님의 기록된 말씀에 주목하게 한다. 그러나 말도 그렇고 침묵도 그렇고, 믿을 만한 친구가 그 두 가지를 다 입으로 하는 말로써 안내할 필요가 있다. 잠시 내가 당신의 안내자가 되면 어떨까? 집중하는 기도, 렉티오 디비나, 영적인 글쓰기, 이 세 가지 영적인 연습 활동으로 당신을 인도하고 싶다. 당신이 말씀 속에서 하나님을 찾도록 돕기 위한 것이다. [27]

2. 집중하는 기도

우선 있는 모습 그대로 하나님께 나아간다. 편하게 앉아서 성경의 정한 본문을 편다. 당신이 하나님과의 관계에 가져와야 할 것은 당신 자신이면 충분하다. 목표는 자신을 특별하거나 거룩하게 느끼려는 것이 아니라 철저히 자기다워지는 것이다.

다음, 눈을 감고 고요히 자신에게 주목한다. 자신의 호흡을 의식하고 그 자연스러운 리듬에 편안히 자신을 맡긴다.

편안해지면 우선 소음들과 냄새들을 의식하게 될 것이다. 그리고 곧 당신의 고요함에 방해가 찾아올 것이다. 처음에는 조금씩 시작되다가 점점 여러 생각들, 감정들, 쇼핑 목록, 처리하지 않은 일들, 다급한 관심사들이 몰려올 것이다.

그냥 오게 둔다. 그것들은 이 고요한 시간의 장애물이 아니라 목표점이다.

어느 특정한 생각이나 감정에 쏠리지 않도록 하되(하나에 쏠리지 않으면 다른 것들도 막히게 된다), 그래도 각각의 생각이나 감정을 그냥 지나가게 둔다. 그 중 하나에 빠지거든 굳이 싸울 것 없다. 다시금 자신의 호흡에 주목하면 된다. 그러고는 생각과 감정들이 다시 오게 둔다.

대개는 몰려오던 잡념들이 몇 가지 더 깊은 생각들과 더 진한 감정들로 찾아들 것이다. 듣고…… 듣고…… 또 들으라.

몇 분이 지나 마음에 준비가 되거든 눈을 뜬다. 이제 당신은 기록된 말씀 속에서 하나님을 구할 준비가 되었다.

3. 렉티오 디비나

성경 본문을 골라서 소리 내어 읽되 천천히 집중하여 한 번 통독한다. 본문이 마음속에 스며들 틈을 준다. 익숙한 이해를 물리친다. 익숙한 본문이라도 그렇게 한다. 이야기를 새로이 듣는다.

본문을 조금씩 나누어 다시 읽는다. 이야기의 줄거리와 떠오르는 의문들에 주목한다. 역시 익숙한 해석을 물리친다. 이야기 속에서 한두 개의 단어를 찾는다. 아이가 낯선 방을 탐색하듯이 호기심과 열린 마음을 가지고 본문을 탐색한다.

본문을 세 번째로 읽는다. 본문에서 튀어나와 당신의 주목을 끄는 단어들은 무엇인가? 최대한 오랫동안 그 단어를 주시하며 그것을 묵상한다. 곱씹는다. 하나님이 오늘 당신에게 어떤 특별한 말씀을 말하고 계신가? 기록된 말씀 속에서 오늘 당신에게 주시는 개인적인 말씀을 명상한다. 살아 계신 말씀Living Word께서 당신에게 말씀하셨다는 기쁨 속에서 오늘 하루를 살아간다.

4. 영적인 글쓰기

시간이 허락되거든 일기장을 펴고 영적인 통찰들을 기록한다.

우선 오늘 당신의 삶의 특수한 상황들을 살펴보고 숙고한다. 오늘의 도전들은 무엇인가? 앞에 놓인 중요한 기회들은 무엇인가? 내려야 할 결정들은 무엇인가?

그렇게 숙고하면서, 렉티오 디비나 시간에 당신의 주목을 끌었던 성경 본문과 단어들을 다시 생각한다. 이 단어들과 이미지들은 오늘 당신의 삶과 어떻게 연결되는가? 성경의 이야기가 어떻게 당신의 이야기의 일부인가? 성경의 의문들은 당신 자신의 의문들과 어떻게 연결되는가?

말씀을 듣고 있는 당신에게 하나님은 어떻게 오시는가? 말씀으로 당신을 만지시는 하나님의 그 치유의 손길이 어디서 분별되는가? 당신의 슬픔과 비탄과 애통이 지금 이 순간 어떻게 말씀을 통하여 변화되고 있는가? 하나님의 사랑의 불이 당신의 마음을 정화시키고 당신에게 새로운 삶을 주시는 것이 느껴지는가?

생각들이 떠오르는 대로 종이에 적는다. 처음에는 그저 단어 한두 개일 수 있으나 묵상이 더 전개됨에 따라 차차 구문이나 문장들이 될 것이다. 그저 전반적인 주제들보다는 구체적인 내용들을 담아내도록 한다.

새로운 통찰들에 반응하다 보면, 친숙한 상황에서 다르게 행동하는 방식들이 저절로 나오는 것을 보게 될 것이다. 반대로, 성경의 어느 부분들이 오히려 혼란과 불편함과 괴리감을 주면서 당신을 곤란하게 할 수도 있다. 그 부분들도 연결성이 더 확실한 부분들 못지않게 결국에는 소중할 수 있다. 어떻게 그런지 당장 확실치는 않지만 말이다. 그러므로 그것들도 눈여겨보아 둔다.

고요한 시간을 마칠 때가 되었거든 마음을 새롭게 한다. 준비되면 기도로 마무리한다. 주기도문도 좋다. 오늘 당신에게 온 의문들과 통찰들을 염두에 두면서 천천히 기도한다. 감사를 드린다. 오늘 하루 당신의 삶의 동정들 속에 하나님의 임재를 청한다. 따로 보낸 이 시간의 열매들을 품고 나간다.

악기 연주나 언어 학습 등 모든 훈련이 그렇듯이 시작은 어색하다. 계속하라. 시간을 들여 연습하라. 그러면 훈련의 부자연스러움이 사라지면서 점차 익숙해지고 유창해질 것이다.

5. 마무리 기도

오! 주 예수님, 주께서 아버지께 드린 말씀들은 주님의 침묵에서 태동하였습니다. 저도 그 침묵으로 인도하여주셔서 주님의 이름으로 말하게 하시고 그리하여 제 말들이 열매를 맺게 하소서. 침묵하기란 참으로 힘듭니다. 제 입으로 침묵하기도 그렇지만 제 마음으로 침묵하기는 더욱 어렵습니다. 제 안에는 말들이 너무나 많습니다.

제가 단순히 주님의 발아래 쉬면서 저 자신이 오직 주님께만 속하였음을 깨닫는다면, 저는 주변의 모든 실제 인물들 및 가상 인물들과의 말씨름을 금세 그칠 것입니다. 주께서는 제 마음의 침묵 속에서 제게 말씀하시고 주님의 사랑을 보이실 것을 저는 압니다. 오 주님, 제게 그 침묵을 주소서. 저로 하여금 인내하게 하시고 천천히 그 침묵 속으로 자라가게 하소서. 그 안에 주님과 함께 있게 하소서. 아멘.

- 마가복음 1장 35~37절을 천천히 읽는다. 그리고 잠시 동안 그 말씀이 당신을 읽도록 둔다. 말씀이 당신을 읽어내는 이 경험을 일기장에 기록한다.
- 하나님이 당신에게 보내신 연애편지를 써본다. 당신을 위한 하나님의 사랑에 대해서 당신이 아는 것은 무엇인가?

세 번째 시간

. . .

공동체 안에서 이웃을 보라

1. 영적 공동체 만들기
   _용서와 축하가 있는 곳

2. 세상을 품고 나가다
   _각양 은사대로 섬기기

영적 공동체 만들기
_ 용서와 축하가 있는 곳

✻ 축하는 사랑의 아주 구체적인 표현이다. 축하란 사람들의 은사들, 즉 기쁨, 평화, 사랑, 오래 참음, 자비, 양선 등을 높인다는 뜻이다.

    랍비가 제자들에게 물었다. "밤이 끝나고 낮이 시작되는 새벽 시간을 어떻게 분간할 수 있겠느냐?"

    랍비의 한 제자가 말했다. "멀리서 개와 양을 구분할 수 있을 때가 아닐까요."

    "아니다." 랍비의 대답이었다.

    "무화과나무와 포도나무를 구분할 수 있을 때입니까?" 다른 제자가 물었다.

"아니다." 랍비가 말했다.

"그럼 답을 말씀해주십시오." 제자들이 말했다.

현명한 스승은 이렇게 말했다. "그건 다른 인간의 얼굴을 들여다보면서 너희 형제나 자매를 알아볼 만큼 너희 안에 빛이 충분할 때다. 그때까지는 밤이고, 아직 우리에게 어둠이 있다."[28]

영적인 여정은 예수님을 따르는 우리를 고독에서 공동체로, 거기서 다시 사역으로 옮겨간다. 누가복음 6장 12~19절에 나오는 예수님과 제자들의 아름다운 이야기에 그 이동이 예시되어 있다. 이 관계의 이야기는 밤중의 고독에서 시작되어 아침의 공동체 설립으로 옮겨간 다음 오후의 적극적인 사역으로 맺어진다.

> 이때에 예수께서 기도하시러 산으로 가사 밤이 맞도록 하나님께 기도하시고 밝으매 그 제자들을 부르사 그 중에서 열둘을 택하여 사도라 칭하셨으니…… 예수께서 저희와 함께 내려오사 평지에 서시니 그 제자의 허다한 무리와 또 예수의 말씀도 듣고 병 고침을 얻으려고…… 온 많은 백성도 있더라. 더러운 귀신에게 고난 받는 자들도 고침을 얻은지라. 온 무리가 예수를 만지려고 힘쓰니 이는 능력이 예수께로 나서 모든 사람을 낫게 함이러라.

예수님은 밤에 고독한 기도로 산에서 시간을 보내셨다. 아침에 그분은 내려오셔서 공동체를 형성하셨다. 그리고 오후에 사도들과 함께 나가셔서 병자들을 고치시고 기쁜 소식을 선포하셨다. 밤의 기도, 아침의 공동체, 오후의 사역이라는 이 흐름에 나는 매료되었다. 순서를 잘 보라. 고독에서 공동체로, 다시 거기서 사역으로 이어진다. 밤은 고독의 시간이고, 아침은 공동체의 시간이고, 오후는 사역의 시간이다. 밤과 아침과 오후는 고독에서 공동체를 거쳐 사역으로 가신 예수님의 삶의 이동을 상징적으로 보여준다. 이것들은 집으로 가는 긴 여정에서 우리가 실천하도록 부름 받은 세 가지 훈련이다. 첫째, 고독은 기도로 하나님과 교제하는 것이다. 둘째, 공동체는 함께 알아보고 모이는 것이다. 셋째, 사역은 세상에 긍휼을 베푸는 것이다.

하나님과의 친밀한 교제, 그 기초는 고독이다

하나님과 함께 고독 속에 있는 법을 어떻게 배울 것인가? 렘브란트의 그림 〈탕자의 귀향〉에 보면, 아버지는 돌아온 아들을 붙들고 사랑의 품안에 어루만진다. 자신이 벌린 두 팔에 안겨 안전해진 아들을 보며, 아버지의 표정은 나에게 이렇게 말하는 것 같다. "아무것도 묻지 않으마. 여태껏 네가 어디에서 무엇을 했든, 사람들이 너에 대해서 뭐라고 말하든, 너는 내 사랑하는 자식이다. 너는 내 품안에서 이렇게 안전하다. 내가 너를 품으마. 내 날개 아래 너를 모으마. 나와 함께 집으로 가자."

기도로 고독에 들어가 하나님과 말없이 교제할 때면, 나는 탕자가 돌아와서 그랬던 것처럼 아버지 앞에 무릎을 꿇어야 한다. 그리고 내 귀를 그 가슴에 대고 하나님의 심장박동을 끊임없이 들어야 한다. 비슷하게,

고독과 침묵을 통해서 나는 기도로 하나님과 교제하게 된다. 시간을 내서 가만히 있는다면 우리는 내면의 자리로 인도될 것이다. 그곳은 하나님께서 거하시기로 택하신 우리 안의 자리이며, 우리를 이름으로 부르시는 온전히 사랑이신 그분의 품안에서 우리가 안전해지는 자리다.

예수님은 말씀하신다. "사람이 나를 사랑하면 내 말을 지키리니 내 아버지께서 저를 사랑하실 것이요 우리가 저에게 와서 거처를 저와 함께 하리라." 내가 하나님의 집인 것이다! 그렇다. 하나님은 내 가장 깊은 존재 안에 거하신다. 하지만 나는 예수님의 부름을 어떻게 받아들일 것인가? "내 안에 거하라. 나도 너희 안에 거하리라." 초청은 분명하여 혼동의 여지가 없다. 하나님이 그분의 집으로 삼으신 곳을 나도 내 집으로 삼는 일은 대단한 영적 도전이다.

하나님과의 친밀한 교제는 쉬운 훈련이 아니다. 예수님이 기도로 밤을 보내셨음을 잊지 말라. 밤은 신비와 어둠과 고독과 때로 외로움의 시간이다. 밤이 상징하는 바는, 기도라는 것이 항상 느껴지는 것은 아니라는 사실이다. 기도는 물리적인 귀에 항상 들려오는 음성은 아니다. 기도는 머릿속에 퍼뜩 떠오르는 통찰을 항상 주지는 않는다. 하나님과의 교제는 직관 내지 내적 확신일 때가 더 많다. 하나님의 마음이 내 마음보다 크다는 확신, 하나님의 생각이 내 인간적인 생각보다 크다는 확신, 하나님의 빛이 내 빛보다 훨씬 더 커서 나를 눈멀게 하고 내가 밤에 있는 것처럼 느껴지게 할 수 있다는 확신이다.

고독을 실천하려면 몸과 영이 고요해질 수 있는 시간을 각자 꾸준히 확보해야 한다. 하루에 몇 분으로 시작하라. 낮의 열기와 빛이 아직 이르기 전인 이른 아침도 좋고, 열기와 빛이 걷히기 시작하는 늦은 저녁도 좋다. 이것은 일기 쓰기나 신성한 독서를 통한 무언의 기도 내지 집중 기도의 시간이며, 그 다음에는 하나님의 음성이나 하나님의 임재 의식이나 기다림의 부름을 듣기 위한 열린 공간으로 이어진다. 새벽녘이나 황혼 무렵은 고독과 기도의 시간으로 정말 이상적이다. 이런 고독과 기도를 통해 우리는 하나님 안에 기초를 내리고, 다른 사람들을 사랑하며 더불어 살아갈 준비를 갖추게 된다. 하나님과의 교제야말로 영적 공동체가 시작되는 곳이다.

고독과 고독이 만나면 공동체가 이루어진다

아침이 오면 고독과 고독이 만나서 공동체를 이룬다. 놀랍게도 고독은 언제나 우리를 공동체로 부른다. 고독 속에서 당신은 자신을 연약하고 깨어진, 그러면서도 하나님께 사랑받는 자로 알게 된다. 고독 속에서 당신은 자신이 인간 가족의 일원이며 다른 사람들과 함께 있기 원함을 깨닫는다. 새벽이 상징하는 바는, 우리가 다 상관되고 연결되어 상호 의존하고 있다는 인식이다. 비유 속의 현명한 랍비가 제자들에게 가르친 것처럼 "다른 인간의 얼굴을 들여다보면서 너희 형제나 자매를 알아볼 만큼 너희 안에 빛이 충분할…… 그때까지는 밤이고 아직 우리에게 어둠이 있다."

공동체를 이룬다는 말은 공식적인 공동체를 결성한다는 뜻이 아니다. 영적인 소속처로서의 공동체는 가정, 우정, 교회, 교구, 12단계 프로그램, 기도 그룹들 안에서 벌어진다. 공동체는 단체나 기관을 요하지 않는다. 공동체란 살아가는 방식이고 관계 맺는 방식이다. 우리가 하나님의 사랑받는 아들딸들이라는 진리를 함께 선포하고 싶은 사람들 주위에 우리는 모인다. 예수님은 "두세 사람이 내 이름으로 모인 곳에는 나도 그들 중에 있느니라"(마 18:20)고 하셨다. 내 경우는 성만찬을 나누는 신앙 공동체가 가장 진정한 공동체였고, 특히 나에게 그곳은 라르슈 데이브레이크였다. 당신의 공동체는 당신의 지역교회나 기도 그룹에 있을 수도 있다. 신앙 공동체를 어떻게 정의하든, 그곳이 당신의 영적인 집이다.

집이라고 언제나 편한 것은 아니다. 공동체는 쉽지 않다. 모든 공동체 안에는 수용의 치유와 깊은 배신이 함께 벌어진다. 우리 인간성의 훌륭한 면과 아픈 상처가 모두 드러나는 것이다. 누가복음에서 예수님은 자신의 공동체의 열두 제자를 하나씩 지명하시면서 "예수를 파는 자 될 가룟 유다"도 포함시키신다(눅 6:16). 배신은 신뢰를 깨뜨린다는 뜻이다. 배신자란 '넘겨준다'는 뜻이다. 공동체 안에는 당신의 신뢰를 배신하거나 당신을 괴롭거나 원치 않는 일로 넘겨줄 사람이 늘 있게 마련이다. 공동체가 생기는 순간 문제도 같이 생긴다. 일찍이 어떤 사람은 "공동체란 당신이 가장 함께 살고 싶지 않은 사람이 늘 살고 있는 곳이다"라고 말했다. 당신의 비위에 거슬리거나 요구가 너무 많은 사람이 당신의 공동체 안 어딘가에 늘 있게 마련이다.

하지만 꼭 한 사람만 배신하는 것은 아니다. 다른 사람들이 보기에는 내가 그 사람일 수도 있다. 당신이 그 사람일 수도 있다. 문제는 공동체 내의 어느 한 사람이 아니다. 각기 다른 사람들이 본의 아니게 또는 자신도 모르게 늘 서로를 고생으로 넘겨주고 있다고 보는 것이 더 맞다. 내 필요를 채워주지 않는 사람이나 나를 짜증나게 하는 사람은 늘 있는 법이다. 공동체란 모두가 함께 살면서 서로 사랑하고 항상 잘 지내는, 뭔가 감상적이고 이상적인 장소나 시간이 아니다. 그런 일은 절대로 없다. 오히려 우리는 공동체란 완전한 정서적 조화를 요구하지도 않고 가져다주지도 않는다는 것을 더불어 살면서 깨닫게 된다. 우리가 서로 사랑하며 다른 사람들의 사랑과 돌봄을 받아들이려 하는 장을 제공해주는 것이 공동체다.

고독이 공동체를 앞서는 것, 공동체가 고독에서 나오는 것이 왜 그렇게 중요할까? 자신이 하나님의 사랑받는 아들딸임을 모른다면, 우리는 자신이 특별하고 가치 있는 존재라는 느낌을 공동체 내의 다른 사람한테서 기대하게 될 것이다. 결국 그것은 인간으로서는 불가능한 일이다. 처음부터 공동체를 결성하려고 든다면, 우리는 그 완전하고 무조건적인 사랑을 다른 사람에게서 기대할 것이다. 그러나 참된 공동체는 "나도 너무 외롭고 너도 너무 외로우니 우리 함께 뭉치자"는 식으로 외로움이 외로움에 매달리는 것이 아니다. 혼자 있기가 두려워서 생겨나는 관계들이 많이 있지만, 그런 관계는 하나님과의 고독만이 채워줄 수 있는 필요를 궁극적으로 채워주지 못한다.

공동체는 고독과 고독의 만남이다. "나도 사랑받는 자이고 너도 사랑받는 자이니 우리 함께 집을, 환영받는 곳을 지을 수 있다." 공동체 안에서 서로 가깝게 느껴질 때도 있다. 좋은 일이다. 별로 사랑이 느껴지지 않을 때도 있다. 그럴 때는 힘들다. 그래도 우리는 공동체 안의 서로에게 충실할 수 있다. 우리는 함께 집을 지을 수 있고, 하나님의 집 안에 하나님과 다른 사람들을 위한 공간을 낼 수 있다.

비록 쉽지 않은 일이지만 예수님은 우리를 신앙과 헌신의 한 가족으로서 함께 살도록 부르신다. 공동체 안에서 우리는 자신의 연약함을 고백하고 서로 용서한다는 것이 무엇인지 배운다. 공동체 안에서 우리는 내 아집을 버리고 진정으로 남을 위하여 산다는 것이 무엇인지 터득한다. 공동체 안에서 우리는 참된 겸손을 배운다. 신앙의 사람들에게는 공동체가 필요하다.

공동체가 없으면 우리는 개인주의적이다 못해 때로 자기중심적이 되기 때문이다. 공동체는 어렵지만 영적인 삶에서 선택사항이 절대 아니다. 공동체는 고독에서 비롯되며, 공동체가 없이는 하나님과의 교제가 불가능하다. 우리는 각자 따로따로가 아니라 하나님의 식탁으로 함께 부름 받았다. 그러므로 영성 개발에는 언제나 공동체 생활의 개발이 포함된다. 우리 모두는 고독 속에서 그리고 다른 사람들과의 공동체 속에서, 하나님께 가는 귀향길을 찾아야 한다.

심령이 가난한 자들에게 돌아가는 영적 귀향

예일대학교로 초빙될 당시에 내 나이 마흔이었다. 나의 주교는 몇 년이면 될 거라고 했지만 나는 그곳에 10년을 있었다. 나는 내 야망의 수준에서 잘하고 있었으나, 내가 정말로 하나님의 뜻을 행하고 있나 하는 의문이 일기 시작했다. 나는 순종하고 있을까? 내가 되고 싶었던 사제가 된 것일까? 예일이 정말 내 집일까?

나는 기도했다. "하나님, 제가 무슨 일을 해야 하는지 하나님은 아십니다. 저에게 알려주십시오. 그러면 따르겠습니다. 원하시는 곳이면 어디든지 가겠습니다. 단 아주 분명히 보여주셔야 합니다." 1981년에 나는 라틴아메리카로 가서 빈민들을 돕고 싶은 마음이 불현듯 들었다. 나는 예일대학교 교수직을 사임하고 볼리비아와 페루의 순례 여정을 준비하기 시작했다. 친구들은 그것이 현명한 일인지 의아해했다. 나는 별로 지지를 받지 못했다.

라틴아메리카에서 선교사로 지내는 것이 내 소명이 아님을 나는 금세 깨달았다. 거기에 있기가 힘들었다. 사람들은 내게 잘해주었고 환영하며 융숭한 대접을 베풀었다. 그러나 하나님은 나를 그곳으로 부르지 않으셨다. 내가 쫓겨서 갔을 뿐이다. 나는 구스타보 구티에레즈와 꽤 시간을 보냈는데, 그는 내가 거기에 남는 것을 권하지 않았다. 그는 "당신이 대학교에서 라틴아메리카에 대해서 말하는 것이 사람들에게 더 필요한 일인지도 모릅니다. 제3세계에서 제1세계로 역선교를 가십시오. 그리고 글을 쓰십시오." 안타깝게도 페루의 빈민들은 서로 가족이 되지 못했고, 라틴아메리카 또한 내 마음의 집이 되지 못했다.

그 즈음 하버드대학교 신학부에서 나를 교수로 초빙했다. 나는 그곳으로 갔다. 나는 라틴아메리카 사람들의 영적인 고충과 그곳의 사회 정의의 필요성에 대해서 가르치려고 했다. 그러나 학생들은 기도와 명상에 대해서 대화하고 싶은 절박한 필요성을 느꼈다. 그들은 내게 내면의 영적인 삶과 사역에 대해서 물었다.

나는 하버드에서 가르치는 일이 좋았고 거기서 좋은 친구들도 꽤 사귀었다. 그러나 동시에 하버드가 내게 안전한 곳으로 느껴지지 않았다. 앞에 설 일이 너무 많았고, 알려질 일이 너무 많았다. 너무 다 드러났다. 영적인 통찰보다는 지적인 이해를 들으려고 오는 사람들이 너무 많았다. 그곳은 경쟁이 치열한 곳이었고 지적인 싸움터였다. 하버드는 집이 아니었다. 나는 더 기도할 수 있는 곳이 필요했다. 내 영적인 삶이 다른 사람들과의 관계 속에서 더 깊어질 그런 공동체 안에 있어야 했다.

하버드를 떠난다는 결정은 힘들었다. 여러 달 동안 나는 떠나는 것이 내 소명을 따르는 것인지 아니면 저버리는 것인지 확신이 없었다. 외부의 목소리들은 자꾸만 "여기서도 좋은 일을 얼마든지 할 수 있다. 사람들한테 네가 필요하다!"고 말했다. 내면의 목소리들은 자꾸만 "네 자신의 영혼을 잃으면서 다른 사람들에게 복음을 전하는 것이 무슨 소용이냐?"고 말했다. 마침내 나는 내 깊어가는 어두움, 거부당하는 기분, 과도한 인정 및 애정 욕구, 소속감의 깊은 부재 등이 내가 하나님의 영의 길을 따르지 않고 있다는 분명한 신호들임을 깨달았다. 성령의 열매는 슬픔, 외로움, 분리가 아니라 기쁨, 고독, 공동체, 사역이다. 하버드를 떠나자마자 나는 엄청난 내적 자유, 엄청난 기쁨과 새로운 에너지를 느꼈다. 이전의 인생을 돌아보니 스스로 갇혀 있었던 감옥처럼 보일 정도였다.

나는 어디로 가야 할지 몰랐다. 다만 장 바니에와 프랑스에 있는 그의 라르슈 공동체와 깊은 소통이 있었을 뿐이다. 그래서 나는 내 소명도 분별하고 어떤 공동체가 내게 집이 될 수 있을지 알아볼 겸 1년의 기간을 정해 그곳에 갔다. 나는 다시 기도했다. "하나님, 제가 무엇을 하기를 원하십니까?" 1년이 다하기 전에 캐나다의 데이브레이크 공동체에서 내게 편지가 왔다. 그곳은 남녀노소 장애인들과 봉사자들이 함께 생활하는 전 세계 100여 개 공동체 중의 하나였다. 그들은 그 공동체의 일원이 되어 사제로 있어달라고 나를 부르고 있었다. 내 평생에 무엇에든 소명을 느껴보기는 그때가 처음이었다. 그때까지는 늘 내가 주도적으로 나섰었다. 이번에는 하나님이 나를 부르고 계심을 느꼈다. 이 편지가 기도 응답이 아닐까 하는 생각이 들었다.

1986년 8월말에 나는 데이브레이크의 뉴 하우스로 이사했다. 로즈, 애덤, 빌, 존, 트레버, 레이먼드 등 장애인 여섯 명과 봉사자 넷이 나를 따뜻이 맞아주었다. 그 집 모든 식구들과의 사이에 점차 우정이 자라갔다. 그러나 이 우정의 끈에는 값비싼 대가도 없지 않았다. 나 자신의 장애들을 인정하는 대가에 직면해야 했던 것이다! 그것들이 있다는 거야 나도 늘 알았지만, 여태까지는 늘 보이지 않게 묻어둘 수 있었다. 그러나 자신의 장애를 숨기지 못하는 사람들은 봉사자들의 장애도 숨기게 두지 않는다. 나 자신의 두려움과 정서 불안 속에서 살아가던 첫 몇 달 동안, 그들은 내게 많은 지원과 인도를 베풀었다. 자신의 모습에 직면하는 것이야말로 무엇보다도 가장 힘든 싸움이었다.

라르슈 공동체는 점차 내 집이 되었다. 정신 장애를 지닌 남녀들이 축복의 몸짓으로 내게 손을 얹어주고 내게 집이 되어줄 줄이야 내 평생에 꿈도 꾸지 못했다. 오랫동안 나는 지혜롭고 똑똑한 사람들 속에서 안전과 안정을 찾았었다. 하나님 나라의 일들이 '어린 아이들'에게 계시된 것, 하나님께서 '세상의 미련한 것들을 택하사 지혜 있는 자들을 부끄럽게 하려' 하신 것을 거의 모른 채 말이다. 그러나 아무것도 자랑할 것 없는 사람들의 따뜻하고 겉치레 없는 영접을 경험하면서, 아무것도 묻지 않는 사람들의 사랑의 품을 경험하면서, 나는 진정한 영적 귀향이란 천국의 주인인 심령이 가난한 자들에게로 돌아가는 것임을 비로소 깨달았다. 몸과 정신이 가난한 자들의 품 안에 있으면서 나는 하늘 아버지의 품을 더욱 절실히 실감하게 되었다.

데이브레이크에서 보낸 세월을 통해서 나는 공동체란 사랑과 지지가 가득한 곳이자 견디기 힘든 곳임을 배웠다. 공동체 생활을 한다고 어둠이 물러난 것이 아니었다. 오히려 반대였다. 나를 라르슈로 이끌었던 그 빛이 또한 나 자신 안의 어둠을 인식하게 해주는 것 같았다. 공동체 안에 있으면 정말로 자신을 알게 된다. 시기, 분노, 거부당하거나 무시당하는 기분, 소속감의 부재, 이 모두가 용서와 화해와 치유의 삶을 추구하는 공동체의 장 안에서 표출되었다.

용서와 축하는 진정한 공동체의 특징이다

공동체 생활을 통하여 나는 진정한 영적인 전투에 눈뜨게 되었다. 어둠이 너무도 절절한 바로 그때에 계속 빛을 향하여 나아가는 씨름이다. 예컨대, 공동체 안에서 나는 너무 높아서 아무도 부응할 수 없는 요구들을 사람들에게 내놓을 때가 있다. 나 자신도 다 알지 못하는 정서적인 요구들과 기대들이다. 나는 누군가가 내 외로움을 없애주기를 기대한다. 나는 그 사람이 내게 집 같은 푸근함을 주기를 기대한다. 함께 살면 모든 것이 기쁘고 즐겁기를 기대한다. 공동체가 수고도 갈등도 없이 늘 평화로운 더부살이이기를 기대한다. 내 이런 기대들이 채워지지 않으면 나는 속상하고 외롭고 우울해진다. 다른 사람들에 대한 내 기대는 왜 이렇게 높을까? 다루어지거나 채워지지 않고 있는 내 안의 욕구는 무엇일까?

이런 의문들 덕에 나는 다시 기도로 돌아가고, 내 영적인 삶에 그리고 공동체 속의 내 관계들 속에 영성 지도가 필요함을 느끼게 된다. 고독이 공동체에 선행하는 것, 가정생활을 본질상 어려운 일로 인식하는 것이 얼마나 중요한지 새삼 깨우치게 된다. 일단 고독을 품고 나자, 비록 도전들이 있을지라도 용서와 축하가 진정한 공동체의 특징이 될 수 있음을 나는 배웠다.

필요를 버리고 용서하다

공동체 생활의 훈련 안에 용서와 축하라는 쌍둥이 선물이 있는데, 우리는 이것을 열어서 꾸준히 사용해야 한다. 용서란 무엇인가? 용서란 내 모든 필요와 욕구를 채워주지 않는 상대방을 지속적으로 용서하려는 자세를 말한다. 용서는 이렇게 말한다. "나는 네가 나를 사랑함을 안다. 하지만 너는 나를 무조건 사랑하지 않아도 된다. 그것은 하나님만이 하실 수 있는 일이니까." 나도 다른 사람들의 필요를 전부 채워주지 못하는 것에 대하여 용서를 구해야 한다. 인간은 아무도 그럴 수 없다.

우리는 다 상처가 있다. 우리는 다 고통과 실망 속에 살아간다. 누구를 막론하고 우리의 모든 성공 이면에는 외로운 감정이 도사리고 있고, 모든 칭찬 밑에는 내가 쓸모없는 존재라는 느낌이 숨어 있으며, 사람들이 나를 대단하다고 말할 때에도 허탈한 감정을 떨칠 수 없다. 그래서 우리는 때로 사람들을 붙잡고, 그들이 줄 수도 없는 애정과 인정과 사랑을 그들에게 기대한다. 하나님만이 주실 수 있는 것을 다른 사람들에게 바란다면, 우리는 우상숭배의 죄를 짓는 것이다. 우리는 "나를 사랑해 달라!"고 말한다. 그러다가 머잖아 요구를 일삼고 조종하게 된다. 우리가 서로를 계속 용서하되 어쩌다 한 번씩이 아니라 삶의 매순간에 그렇게 하는 것은 대단히 중요하다. 요구를 버리고 용서의 자세로 함께할 수 있을 때, 바로 그것 때문에 공동체가 가능해진다.

우리의 심령은 만족과 완전한 교감을 갈구한다. 그러나 당신의 남편, 아내, 아버지, 어머니, 형제, 자매, 자녀 할 것 없이 인간은 모두 유한하기에 만인이 희구하는 수준의 사랑과 수용을 베풀 수 없다. 원하는 것은 그렇게 많은데 얻는 것은 그 일부밖에 되지 않으니, 우리는 내가 원하는 모든 것을 내게 주지 못하는 사람들을 계속 용서해야 하는 것이다.

그래서 나는 제한된 방식으로밖에 나를 사랑할 수 없는 당신을 용서한다. 내 모든 바람에 부합하지 못하는 내 어머니를 용서한다. 아버지 나름대로 최선을 다했으니 내 아버지를 용서한다. 특히 요즘은 이것이 엄청나게 중요하다. 자신의 필요를 채워주지 않는다고 사람들이 끊임없이 부모, 친구, 교회를 비난하고 있으니 말이다. 많은 사람들이 분노에 차 있다. 그들은 무한한 사랑을 유한하게밖에 표현하지 못하는 사람들을 용서하지 않는다.

하나님의 사랑은 무한하지만 우리의 사랑은 그렇지 못하다. 영적인 교제, 우정, 결혼, 공동체, 교회 등 당신이 어느 관계에 들어가든 그 관계는 늘 좌절과 실망으로 얼룩질 수밖에 없다. 그러므로 용서야말로 인간의 정황에서 신의 사랑을 지칭하는 말이 된다.

"일흔 번씩 일곱 번이라도"(마 18:22) 서로 용서하려는 의지가 없이는 공동체는 불가능하다. 용서는 공동체 생활의 아교다. 용서는 좋을 때든 궂을 때든 우리 모두를 함께 이어주고, 서로 사랑함에 있어서 우리를 자라게 해준다.

완전한 사랑을 심령에 갈구하는 자들로서 우리는 서로가 그 완전한 사랑을 일상생활 속에서 주거나 받지 못하는 것을 용서해야 한다. 무조건 상대방 곁에 있어주고 싶은 우리의 소원은 우리의 많은 필요 때문에 끊임없이 방해를 받는다. 우리의 사랑은 늘 드러난 조건들과 무언의 조건들의 제약을 받는다. 용서해야 할 것은 무엇인가? 우리는 서로가 하나님이 아닌 것을 용서해야 한다!

이 진리의 예가 되는 개인적인 이야기를 나누고 싶다. 내가 데이브레이크에 도착한 직후에 하나님이 내게 사랑과 특별한 우정이라는 놀라운 선물을 주신 듯했다. 이 관계가 자라고 깊어지면서 나는 한 남성 친구에게 깊은 애착을 느끼게 되었다. 되돌아보면 내 애착과 의존이 너무 심했고, 나는 마땅히 내려놓고 용서하고 용서받아야 했다. 이 이야기를 나는 『마음에서 들려오는 사랑의 소리 *The Inner Voice of Love*』(바오로딸)라는 책에 쓴 바 있다.

내 친구 네이턴은 내 안의 닫혀 있던 곳을 열어주는 희한한 재주가 있었고, 나는 내 모든 정서적인 필요를 그에게 집중시켰다. 나는 그에게 매우 의존하게 되었고, 그 바람에 하나님과 공동체를 내 삶의 참된 중심으로 삼을 수 없었다. 그와 함께 있으면 내가 완전히 살아나서 사랑받는 기분이었고, 그래서 나는 그를 놓아주고 싶지 않았다. 어느 시점에서 그는 더 이상 나를 잡고 있을 수 없었다. 그래서 그는 말했다. "더이상 당신과 함께 있고 싶지 않습니다. 당신과 함께 있을 때마다 압박감이 너무 큽니다. 당신은 항상 내 옆에만 있으려고 합니다."

나를 진정으로 이해하고 사랑해준 사람, 나를 여태까지 가로막혀 있던 나 자신의 중요한 부분들과 이어준 사람, 그런 그가 갑자기 관계를 끝냈던 것이다. 나는 그대로 무너져내렸다. 완전히 무너져내렸다. 나는 지독한 우울증에 걸려서 완전히 마비 상태가 되었다. 사역도 할 수 없었고, 절망의 문턱에까지 갔다. 그래서 몇 달 동안 공동체를 떠나 치료 센터에 머물러야 했다.

나를 맡은 임상 정신과 의사는 냉정하게 말했다. "아주 간단합니다. 당신이 누군가에게 홀딱 빠져 있는데 그 사람이 당신을 버렸고 그래서 우울증이 온 겁니다. 6개월의 비애 기간이면 극복될 겁니다. 그 사람을 다시는 보지 마십시오. 그러면 다 좋아질 겁니다. 당신은 정상입니다. 우리 정신의학 교본의 등급으로 볼 때 당신의 신경증은 2급에 해당됩니다." 그는 마치 수의사 같았다.

6개월이 소요될 것이고 내가 공동체를 떠나서 다시는 그 사람을 보지 말아야 한다는 그의 말에 나는 부정적으로 반응했다. 그는 애당초 내가 독신자가 되지 말았어야 한다고 말했다. 내가 명백히 사람들에게 깊은 애착을 느끼기 때문에, 그것이 긍정적이지 못하다는 것이었다. 나는 그 말을 전혀 받아들이지 않았다. 나는 그 정신과 의사에게 말했다. "당신을 계속 만나지 않겠습니다. 당신은 이미 나를 다 파악했고, 당신에게는 내 고통이 너무도 간단합니다. 더 이상 당신을 보지 않겠습니다."

내 기준대로 내게 필요한 존재가 되어주지 못한 내 사랑하는 친구를 용서해야 함을 나는 알았다. 말로는 수천 번도 할 수 있었지만 내 감정은 따로 놀았다. 나는 오랫동안 용서할 수 없었다. 분노와 거부당한 기분과 우울이 너무 심했다. 내 가장 가까운 친구가 나를 도저히 함께 살 수 없는 사람으로 여겼기 때문이다.

그러나 나를 완전히 사랑하지 못한 친구를 나는 서서히 용서할 수 있게 되었다. 그런 사랑은 하나님만이 하실 수 있는 것이다. 나는 그가 하나님이 아닌 것을 용서해야 했다! 그것은 지식적인 일이 아니라 마음의 문제였다. 그것은 내가 타인에게 원하는 것을 오직 하나님만이 주실 수 있음을 알고 진리 안에 자라갈 수 있는 놀라운 기회였다.

그 경험이 하나님이 허락하신 관계였고, 그 사랑이 진실한 것이었으며, 내가 경험한 것이 지극히 중요한 것임을 나는 마음으로 알았다. 내가 공동체를 떠날 필요가 없고, 관계가 치유되고 회복될 수 있으며, 우리가 함께 그것을 수습해나갈 수 있음을 나는 알았다. 만족을 찾기 위해서 독신 사제로서의 내 소명을 버릴 필요가 없다는 것도 나는 알았다. 처음에는 나도 이 모든 것을 분명히 보거나 말하지 못했다. 그러나 고통이 줄어들면서 나는 나 자신을 되찾고 집으로 돌아갔다.

내가 사람에게 홀딱 빠진 것이 이 위기의 일부임을 나도 부인하지 않는다. 영적으로만 들리게 말할 생각은 없다. 그러나 그것은 하나님이 나를 부르시는 방식이었다. 그분은 나를 부르셔서 내가 사랑받는 존재이며 몸을 입은 인간임을 주장하게 하셨고, 이렇게 말씀하시는 하나님의 음성을 듣게 하셨다. "나는 무조건적인 사랑으로 너를 사랑한다. 네 삶에 어떤 특정한 사람이 있든 없든 나는 너와 함께 있으며 네게 필요한 바로 그것이다. 이전 같으면 너는 힘들 때 그에게 갔겠지만, 이제 나에게 왔다."

내 공동체가 나를 버리지 않고 이 위기 중에 나를 떠받쳐준 것은 굉장히 중요했다. 그들은 나를 치료 센터로 보내주었고, 나를 보러 왔다. 자신이 쓸모없게 느껴질 때면 나는 "생각해주는 사람이 아무도 없다"며 과장해서 말했다. 물론 사실은 정반대였다. 공동체 식구들은 "친구가 더 이상 당신과 함께 있을 수 없다고 해서 우리가 당신을 사랑하지 않는 것은 아닙니다. 우리는 당신을 많이 사랑합니다. 당신은 우리에게 아주 중요합니다"라고 말해주었다. 처음에 나는 그 말을 믿지 않았고, 그들의 사랑이 매우 피상적으로 느껴졌다. 되돌아보면, 그들이 아니었다면 나는 견뎌내지 못했을 것이다.

용서하고 내려놓는 그 모든 고통과 씨름 끝에 우리 공동체 안에 화해의 기적이 일어났다. 그 친구와 다시 얼굴을 볼 수 있게 되었을 뿐 아니라 시간이 가면서 우리의 관계가 치유되고 회복되었다. 결국 네이턴은 내가 더 이상 내 모든 필요를 투사하지 않고 있음을 알게 되었고, 우리는 다시 아주 좋은 친구가 되었다.

용서는 축하로 이어진다

재미있는 것은, 사람들이 하나님이 아닌 것을 당신이 용서할 수 있게 되면, 이제 당신은 그들이 하나님의 반사체이고 하나님의 무조건적인 큰 사랑의 반사체임을 축하할 수 있게 된다는 것이다. 당신은 이렇게 말할 수 있다. "내가 당신을 사랑함은 당신에게 하나님의 사랑이라는 아주 아름다운 은사들이 있기 때문이다." "하나님만이 주실 수 있는 것을 당신은 줄 수 없지만, 그래도 당신이 줄 수 있는 것들은 축하의 가치가 있다." 이제 당신은 "와, 아름답다!"고 말할 수 있다.

서로의 은사들을 축하한다는 것은 서로 적당히 칭찬해준다는 뜻이 아니다. 아니, 그것은 장기 자랑이다. 상대방의 은사를 축하한다는 것은 하나님의 한 반사체로서 그 사람의 인간됨 전체를 받아들인다는 뜻이다.

'축하한다'는 것은 상대방의 은사들과 은혜들을 하나님의 무한한 선물인 사랑과 은혜의 반사체로서 높이고, 인정하고, 굳히고, 기뻐한다는 뜻이다. 남편이나 아내가 할 수 있는 몫이 아주 많지만 그래도 우리에게는 공동체가 필요하다. 공동체란 어떤 면에서 하나의 모자이크다. 각 사람은 각기 다른 색깔의 작은 조각이다. 모든 조각들이 함께 모여서 우리에게 하나님의 얼굴을 보여준다. 그러나 각각의 작은 조각 자체는 그 크신 사랑의 아주 제한된 반사체일 뿐이다.

축하는 사랑의 아주 구체적인 표현이다. 예컨대 생일 축하는 단순히 "네가 여기 있어서 기쁘다"는 말이다. 그것은 "당신은 피아노를 잘 친다"는 식으로 사람의 재능을 높인다는 뜻이 아니다. 나보다 피아노를 더 잘 쳐서 당신의 은사가 더 많은 것은 아니다. 그것은 재능일 뿐이다. 당신의 더 큰 은사는 당신의 음악으로 방 안에 기쁨과 평화가 임하게 하는 역량일 수 있다. 축하란 사람들의 은사들, 즉 기쁨, 평화, 사랑, 오래 참음, 자비, 양선 등을 높인다는 뜻이다. 우리는 성령의 은사들을 높인다. 그것들이야말로 하나님의 반사체인 까닭이다.

데이브레이크에 온 후로 나는 참으로 많은 것을 배웠다. 내 진짜 은사들은 내가 저술 활동을 하고 있거나 여러 대학에서 가르쳤다는 것이 아님을 나는 배웠다. 나를 잘 알고 사랑하는 공동체 식구들이 내 진짜 은사들을 발견하여 도로 내게 반사해주었다. 간혹 그들은 내게 "헨리, 당신은 조언을 잘합니다. 자신의 저서들을 좀 읽어보면 어때요?"라고 말한다. 그런가 하면 연약하고 상처받기 쉬운 내 모습 그대로 알려지고 축하받는 중에 치유를 얻을 때도 있다. 불현듯 나는, 내 책들을 읽지도 않고 내 성공에 개의치도 않는 사람들의 눈으로 보기에 내가 좋은 사람임을 깨닫는다. 내 작은 자기중심적인 몸짓들과 행동들은 언제나 있거니와 이 사람들은 그런 나를 용서할 수 있다.

내 공동체 안에서 우리는 용서를 많이 해야 한다. 그러나 바로 용서의 한복판에서 축하가 솟아난다. 용서와 축하가 있을 때 공동체는 다른 사람들의 은사들을 불러내고 그것을 높여주는 장場, "당신은 사랑받는 딸이고 사랑받는 아들이다. 나는 당신을 기뻐한다"고 말하는 장이 된다.

공동체 안에서 사랑으로 하나된 우리

자신이 하나님께 사랑받는 자임을 고독 속에서 알게 되면, 당신은 공동체 안의 다른 사람들 또한 사랑받는 자임을 보게 되고, 그리하여 사역 속에서 그 아름다움을 불러낼 수 있다. 자신이 사랑받는 자임을 알면 알

수록 인간 가족 안에 있는 당신의 형제자매들 또한 얼마나 깊이 사랑받는 자들인지 더 잘 보인다. 이는 하나님의 사랑의 놀라운 신비다. 다른 사람들을 조건 없이 사랑하면 할수록 당신은 하나님이 당신이나 다른 사람들을 사랑하시듯이 그렇게 자신을 더 잘 사랑할 수 있다. 그리고 다른 사람들의 사랑을 더 받으면 받을수록 당신이 얼마나 하나님께 사랑받는 자인지 더 깨닫게 된다. 당신의 귀향길을 찾는다는 것은 곧 모든 사랑이 공동체 안에서 어떻게 서로 연결되고, 표현되고, 삶이 되는지 배우는 것이다. 성 요한이 아주 명쾌하게 기록했다. "사랑하는 자들아, 우리가 서로 사랑하자. 사랑은 하나님께 속한 것이니 사랑하는 자마다 하나님께로 나서 하나님을 알고 사랑하지 아니하는 자는 하나님을 알지 못하나니 이는 하나님은 사랑이심이라"(요일 4:7).

헨리 나우웬의 영성 교실

오늘의 할 일 ▶

영적인 삶은 함께하는 삶과 절대로 분리될 수 없다. 아무리 내밀한 기도일지라도 참된 기도는 언제나 다른 사람들과의 새로운 소통으로 이어진다. 더불어 공동으로 하나님을 추구하는 일은 성령 안에서 살아가는 우리의 삶을 설교나 강의나 개인적 독서 이상으로 심화시키고 넓혀줄 수 있다. 공동체 창출과 그룹 형성에 다음 원리들이 도움이 될 것이다.

• 공동체를 세우는 원리들

소그룹에서나 더 큰 신앙 공동체에서나, 언제나 관건은 리더십이다. 당신에게 가장 편안한 리더십의 형태는 어떤 것인가? 당신에게 가장 힘들게 느껴지는 리더십 모델들은 어떤 것들인가?

잊지 말라. 공동체의 주목표는 우리 내면에 그리고 우리들 가운데 거하시는 성령 하나님의 삶을 기도와 지지와 상호 책임을 통해서 함께 배우는 것이다. 이성적인 분석, 대인관계의 역동, 지적인 토의, 토론은 일시적인 장애물들을 극복하는 데 도움은 되지만 신앙 공동체의 영적인 주요 과제들은 아니다.

그룹 상호작용의 적절한 공감대를 찾기 위해서는 하나님의 말씀이 모임의 중심이 되어야 한다. 구체적으로 말해서, 공동체 모임에서 함께 성경을 읽지 않을 거라면 그런 모임은 없어야 한다는 뜻이다. 그렇게 할 수 있는 한 가지 좋은 방법은 그룹의 각기 다른 멤버들이 천천히 큰 소리로 성경 본문을 낭독하고, 나머지 모든 사람들은 무척 경외하는 마음으로 말씀을 듣는 것이다.

하나님의 말씀을 함께 듣는 것 외에, 상당한 시간을 침묵 속에 보내는 것이 매우 중요해 보인다. 기도하는 마음으로 침묵 속에 함께 있는 것이야말로 공동체 형성에 가장 좋은 경험 중의 하나다. 그 시간 동안에 말씀이 우리의 마음속에 더 깊이 들어갈 수 있다.

소그룹에서나 더 큰 공동체에서나 말하기는 가장 어려운 일 중의 하나일 수 있다. 우리는 동의하고 반대하고 논쟁하고 토론하는 데 너무 익숙해져 있어서 공동체를 세우고 우리 가운데 계시는 성령의 신비를 인식하는 데 도움이 되는 언어는 잊어버리기 일쑤다. 그러므로 말수는 적게 하고 삶이 부각되게 하라.

묵상과 일기 ▶ ▶ ▶

- 당신의 신앙 공동체에 있는 사람들은 누구인가? 그들 모두를 하나로 묶어주는 것은 무엇인가? 당신의 공동체를 힘들게 하는 것들은 무엇인가?
- 하나님이 아닌 것을 당신이 용서해야 할 사람들은 누구인가?

세상을 품고 나가다
_ 각양 은사대로 섬기기

✱ 사역은 우리가 원망에서 감사로 옮겨갈 때에 일어난다. 영적인 삶은 감사의 삶이다.

랍비 요수아 벤 레비가 선지자 엘리야에게 물었다. "메시아는 언제 오십니까?"

엘리야가 대답했다. "당신이 가서 직접 물어보시오."

"그분이 어디 계십니까?"

"성문에 앉아 계십니다."

"그분을 어떻게 알아봅니까?"

"그분은 상처투성이의 가난한 사람들 틈에 앉아 계십니다. 다른 사람들은 모든 상처의 붕대를 한꺼번에 다 풀었다가 다시 싸맵니다. 하지만 그분은 한 번에 하나씩 풀었다가 다시 싸매시며 이렇게 혼잣말 하십니다. '어쩌면 내가 필요해질지도 모른다. 그 경우를 위해 나는 한시도 지체치 않도록 늘 대비하고 있어야 한다.'"[29]

이 이야기는 다음과 같은 많은 의문을 불러일으킨다. 메시아가 언제 오시며 어디에 계시는지 선지자는 어떻게 아는가? 메시아는 왜 성문 밖에 계시는가? 왜 가난한 사람들 틈에 앉아 계시는가? 왜 상처투성이이신가? 왜 다른 사람들과 자신의 붕대를 한 번에 하나씩 갈고 계신가?

선지자들에 따르면 장차 오실 메시아는 고난 받는 종이며 상처 입은 치유자이시다(사 53장 참조). 그분의 자리는 가난한 자들 틈에 있다. 그분은 다른 사람들의 상처는 물론 자기 자신의 상처도 돌보신다. 자기가 필요해질 순간을 고대하면서 말이다. 하나님의 모든 사역자들과 종들도 마찬가지다. 우리는 자신의 상처를 보살핌과 동시에 다른 사람들의 상처를 치유하려고 준비하는, 상처 입은 치유자들로 부름 받았다.

당신은 묻는다. 나는 세상에서 어떻게 섬길 수 있나? 다른 사람들을 향한 나의 사역은 무엇인가? 내 삶의 에너지를 어디에 쓸 것인가? 이번 장에서는 이런 의문들에 답해보고자 한다. 그러기 위해서 먼저 예수님의 치유 사역을 살펴보고, 이어서 공동체 안에서 긍휼과 감사의 실천, 그리고 끝으로 예수님의 자발적인 물러남을 통한 하향 이동의 본을 어떻게 따를 것인지 살펴볼 것이다.

은사의 열매가 사역이다

예수께서 가실 때에 무리가 옹위하더라. 이에 열두 해를 혈루증으로 앓는 중에 아무에게도 고침을 받지 못하던 여자가 예수의 뒤로 와서 그 옷 가에 손을 대니 혈루증이 즉시 그쳤더라. 예수께서 가라사대 "내게 손을 댄 자가 누구냐" 하시니 다 아니라 할 때에 베드로가 가로되 "주여 무리가 옹위하여 미나이다." 예수께서 가라사대 "내게 손을 댄 자가 있도다. 이는 내게서 능력이 나간 줄 앎이로다" 하신대 여자가 스스로 숨기지 못할 줄을 알고 떨며 나아와 엎드리어…… 예수께서 이르시되 "딸아, 네 믿음이 너를 구원하였으니 평안히 가라" 하시더라(눅 8:42-48).

예수님은 검증된 사역 기법들을 써서 무리를 고치신 것이 아니다. 그분은 마음에서 말씀하셨고, 긍휼로 행하셨으며, 결과는 하나님께 맡기셨다. 그분이 원하신 것은 딱 하나, 아버지의 뜻을 행하시는 것이었다. 그분은 "혹시 내가 손을 쓸 수 있을지도 모르니 10분 정도 얘기해보자"고 하지 않으셨다. 그분은 사람들을 앉혀놓고 진단하면서 "내가 도움이 될 수도 있고 아닐 수도 있다"고 말씀하지 않으셨다. 예수님은 언제나 하나님의 음성을 들으시며 하나님과 소통하셨다. 하나님과의 그 친밀한 관계에서 모든 사람에게로 능력이 뿜어나왔다.

예수님은 "무엇이든 내가 하는 일은 너희도 할 것이요 그보다 큰 것도 하리라"고 말씀하셨다(요 14:12 참조). "나가서 병든 자들을 고치라. 뱀을 밟으라. 죽은 자들을 살리라." 이것은 그냥 한번 해보는 소리가 아니다. 그분은 명확히 말씀하셨다. "내가 세상에 보냄을 받은 것같이 너희도 병을 고치고 낫게 하도록 세상에 보냄을 받았다"(막 16:15-18). 우리는 하나님의 치유력을 신뢰해야 한다. 내가 사랑받는 자로 살고 있고 사람들을 향한 긍휼이 내게 있다면, 당장 눈에 띄든 그렇지 않든 간에 많은 사람들이 치유되리라는 것을 우리는 신뢰해야 한다.

사역의 질문은 "어떻게 내가 이 사람들을 다 예수께 인도할 것인가", "어떻게 내가 이 사람들을 믿게 만들 것인가", "어떻게 내가 이 사람들을 다 도울 것인가"가 아니다. 사역이란 그냥 되는 것이다. 당신과 내가 하는 일은 거의 없다. 나는 사람들을 교회에 가게 만들거나 나와 함께 기도와 성찬에 동참시키려고 하지 않는다. 그냥 일단 기도를 시작하고 성찬을 베푼다. 그리고 누가 오는지 본다.

나는 이혼을 생각 중인 사람의 부부관계를 고쳐주거나 예수님을 믿지 않는 여자를 설득하여 믿음을 갖게 하는 데 관심이 없다. 내가 여기 있음은 내가 누구이며 하나님이 내게 누구인지를 말해주고, 다른 사람들 곁에 있어주기 위해서다. 당신이 하나님의 자녀라면 당신에게서 치유력이 나와서 사람들이 나음을 입게 될 것을 믿어야 한다. 사람들은 당신의 에너지가 어디서 오는지 알고 싶어질 것이다. 그들은 당신을 만져서 그 넘쳐흐르는 힘을 얻고 싶어질 것이다.

예수님을 따르는 사람들은 누구나 사역으로 부름 받았다. 그것이 기독교 교회의 전체 개념이다. 즉 우리는 그리스도의 몸이다. 우리들 각자는 나누어야 할 특별한 은사들을 지닌 지체다. 지상에서 예수님의 사명은 하나의 공동체를 함께 부르셔서 세상에서 사역할 능력을 주시는 것이었다. 예수님은 "내가 가면 내 영을 보내리니 내 영이 너희에게 능력을 입혀주실 것이다. 내 아버지께서 내게 말씀하신 모든 것을 나도 너희에게 말한다. 내가 하는 모든 일을 너희도 할 것이요 그보다 큰 일도 할 것이라"고 하셨다 (요 14-16장 참조).

그리스도의 몸의 사역은 결코 당신이 애써 해야 할 일이 아니다. 비록 그것이 당신을 많은 일들로 부르지만 말이다. 당신의 은사를 찾아서 당신에게 있는 것을 내놓을 때, 그 열매가 바로 사역이다. 사역은 전문적인 자격을 요구하는 일이 아니다. 사역은 우리 각자가 주장하는 소명이며, 그 주장의 근거는 우리가 그리스도의 몸 안에서 세례를 받은 것이다. 사역이란 당신이 낮에 몇 시간 동안 일하다가 밤에는 집에 가서 쉬는 그런 것이 아니다. 혹시 누가 아는가? 당신이 쉬고 있을 때 사역이 벌어질지도 모르는 일이다.

당신이 하나님과의 교제 가운데 살고 있고, 자신이 사랑받는 자임을 알며, 섬김에 자신을 내어놓는다면, 당신은 사역 외에 다른 것은 하려야 할 수 없다. 하나님과 다른 사람들을 향한 당신의 사랑이 흘러넘치는 것이 곧 사역이다. 사역은 두 사람이 건배하는 잔에서 포도주가 튀어넘치는 것이다. 사역은 덤이다.

사역은 함께 유익을 누리는 것이다

당신은 혹 "나 혼자서 하지 않아도 된다면 남을 섬기기가 한결 쉬울 텐데"라고 말할지 모른다. 아니면 당신도 나처럼 공동체를 이루지도 않고 고독한 교제에서 사역으로 곧장 가려는 성향이 있을지도 모른다. 내 개인주의와 개인적 성공의 열망 때문에 나는 사역의 일을 내 것으로 주장하며 혼자 다하려는 유혹을 느낄 때가 한두 번이 아니다. 그러나 예수님은 말씀을 전하시거나 병을 고쳐주시는 일을 혼자 하지 않으셨다.

사역이란 본래 혼자 하는 것이 아니라 공동체로 하는 것이다.

사역은 나에게 뭔가 있어서 그것을 어려운 사람에게 베푸는 것이 아니라 피차 연약한 사람들끼리 베풀고 받으며 함께 유익을 누리는 것이다. 사역은 쌍방적이고 공동체적인 경험이다. 우리는 다른 사람들에게 사역하는 것이 아니라 다른 사람들과 함께 그들 속에서 사역하는 것이다. "두세 사람이 내 이름으로 모인 곳에는 나도 그들 중에 있느니라"(마 18:20).

예수님은 제자들을 둘씩 짝지어 보내시며, 병을 고치고 귀신을 쫓아내고 그분의 오심을 선포하게 하셨다(눅 9-10장 참조). 우리도 혼자서는 기쁜 소식을 전할 수 없다. 우리는 복음을 공동체로 함께 선포하도록 부름받았다. 그래서 나는 다른 사람들과 함께 사역하기를 좋아한다. 나 혼자 있으면 예수님께 참으로 충실하기가 무척 어렵다는 것을 나는 거듭 깨닫곤 한다. 나에게는 형제자매들이 필요하다. 그들이 나와 함께 기도해주고, 당면한 영적 과제에 대해서 나와 함께 이야기하고, 몸과 마음과 생각을 순결하게 지키도록 내게 도전을 주어야 한다.

젊었을 때 나는 설교, 수련회 인도, 졸업 연설, 기조 연설 등으로 출장을 많이 다녔는데 그때마다 늘 혼자 갔다. 그러나 나이가 들어서는 데이브레이크 공동체 사람들과 함께 나가서 사역하고 있다. 그들에게는 내가 못하는 방식들로 사역하는 특별한 은사들이 있고, 그래서 그들과 함께하면 뭔가 특별한 일이 벌어진다.

일례로 빌 밴 뷰런과 함께 출장을 가서 큰 무리에게 강연하던 중에 나는 모든 사람이 귀담아들을 만한 내용을 전하려 하고 있었다. 빌은 내 옆에 서 있었다. 내가 요점을 말하자 장내는 쥐 죽은 듯이 고요해졌다. 그때 갑자기 빌이 불쑥 한 마디 내뱉었다. "와! 내가 전에 들었던 말이다!" 자연스럽게 웃음이 터져나오면서 뭔가 뜻밖의 일이 벌어졌다. 빌은 내 풍선을 터뜨린 작은 바늘이었지만 그럼에도 우리는 함께 있었다. 사역을 이루어내는 것이 내 말이 아님을 사람들은 깨달았다. 기쁜 소식은 빌의 말도 아니었고, 우리의 말 그리고 우리가 함께 있다는 사실이었다. 사실 우리가 함께 사역할 때마다 사람들은 우리가 우리 자신의 이름으로 오는 것이 아니라 우리를 보내신 주님의 이름으로 온다는 것을 더 쉽게 인식한다.

공동체가 함께 나갈 때 사역은 이루어진다.

감사와 긍휼은 사역의 핵심이다

어떻게 하면 사역 공동체를 일굴 수 있을까? 사역의 쌍방성은 감사와 긍휼이라는 두 단어를 특징으로 한다. 신경 써서 다른 사람들에게 감사와 긍휼의 정신을 표현함으로써 우리는 함께 사역하는 것이다. 당신이 혹 소속할 공동체를 찾고 있다면 이 두 가지 특성을 잘 살피라.

감사란 기본적으로 '하나님과 다른 사람들의 선물을 받는다'는 뜻이다. 그래서 고맙다고 말하는 것이다. 다른 사람들의 선물을 알아보고 받으며, 그들의 존재와 기여에 대하여 고맙다고 말하는 것은 사역의 필수적인 부분이다. 우리에게는 사람들에게 뭔가를 주려는 열망이 있다. 주는 쪽이 되려는 것이다. 그러나 우리가 망각하는 것이 있다. 다른 사람들의 더 큰 기쁨은 자기들도 우리에게 뭔가 줄 것이 있음을 알게 되는 것이라는 사실이다. 예컨대 나는 평생 장애인들을 돌볼 수 있고, 그들에게는 필요한 것이 수없이 많다. 그러나 그들에게 더 큰 기쁨은 자기 힘으로 뭔가를 할 수 있는 것, 그리고 자기들의 특별한 선물을 다른 사람들에게 베푸는 것이다. 내가 강연 출장에 빌이나 라르슈의 다른 사람들을 데리고 가는 것은 내가 그들을 얼마나 잘 보살피는지 다른 사람들에게 보이기 위해서가 아니다. 그보다 그들도 뭔가 기여할 수 있고, 나와 함께 기쁜 소식을 전할 수 있도록 그러는 것이다.

사역이란 다른 사람들의 선물을 알아보고 받는 것이다. 나는 당신 안에서 하나님의 임재를 알아본다. 당신은 낯선 사람, 죄수, 헐벗은 사람, 굶주린 사람의 모습으로 나를 찾아오는 그리스도다. 당신의 필요 때문이 아니라 당신이 나눌 특별한 선물들이 당신에게 있기 때문이다. 당신과 당신의 나눔을 통해서 나는 사랑의 선물을 받고 하나님의 얼굴을 본다. 그래서 나는 감사하다. 그리고 당신도 자신이 얼마나 아름다운 존재인지를 알아보았으면 하는 것이 내 바람이다!

삶의 가장 큰 유혹 중 하나는 원망을 품는 것이다. 원망은 감사의 반대다. 세상은 원망으로 가득 차 있다. 원망이란 무엇인가? 차가운 분노다. 안으로 향한 분노다. 우리는 "나는 그 사람한테 화난 게 아니다. 이일에 화난 것이다. 일이 내 뜻대로 안 되기 때문이다"라고 말한다. 일이 생각대로 되지 않으면 우리는 원망한다. 나이가 들수록 원망을 품을 기회는 더 많아진다. 불평 거리가 하나도 없다면 도대체 우리가 무슨 얘기를 하겠는가.

사역은 우리가 원망에서 감사로 옮겨갈 때에 일어난다. 영적인 삶은 감사의 삶이다. 당신은 여태까지 당신의 삶에 있었던 모든 일, 좋은 일들만 아니라 오늘의 당신을 있게 한 모든 일에 대하여 감사할 수 있는가? 그리스도인이라는 사람들로 한 가족을 이루어낸 것은 하나님의 아들의 고난이었음을 잊지 말라. 하나님은 나 자신의 고난을 사용하셔서 오늘의 나를 있게 하셨다.

우리의 사역은 사람들을 돕는 것이자 그들의 도움을 받아서 원망을 점차 버리고 고통의 한복판에도 감사할 축복이 있음을 깨닫는 것이다. 눈물의 한복판에서 기쁨의 춤이 느껴질 수 있다. 밑에서, 즉 인간의 관점에서 보면 좋은 때와 궂은 때, 슬픔과 기쁨 사이에 엄청난 차이가 있다. 그러나 위에서, 즉 하나님의 눈으로 보면 슬픔과 기쁨은 절대로 분리되지 않는다. 고통이 있는 곳에 치유도 있다. 애통이 있는 곳에 춤이 있다. 가난이 있는 곳에 하나님 나라가 있다.

함께하는 사역을 통해서 우리는 고통이 있는 삶에 대해서도 더 감사할 수 있도록 사람들을 도울 수 있다. 우리의 단순한 기쁨과 고마운 동행으로 그것이 가능하다. 사역자들, 예수님의 제자들은 고통이 있는 곳으로 간다. 우리가 마조히스트여서가 아니라 세상의 고통과 고난 속에 하나님이 숨어 계시기 때문이다.

긍휼은 사역을 통한 섬김을 가능케 하는 두 번째 단어다. 긍휼이란

'함께 아파한다'는 뜻이다. 라틴어로 'com'은 '함께'라는 뜻이고 'passion'은 '고난'을 뜻한다. 구약에서 하나님의 긍휼과 인간의 긍휼을 나타내는 주된 단어들은 히브리어 단어 'rachamim'의 파생어들이다. 이 말은 문자적으로 '배, 태, 창자'를 뜻한다. 신약에서 긍휼에 상응하는 그리스어 단어는 '뱃속, 창자 속이 움직인다'는 뜻의 'splachmizomai' 이다.[30] 긍휼은 단장斷腸의 마음인 것이다.

한 예로 예수께서 과부의 죽은 외아들을 살려주신 일은 마음이 찢어질 듯한 긍휼에서 비롯된 것이다.

> 그 후에 예수께서 나인이란 성으로 가실쌔 제자와 허다한 무리가 동행하더니 성문에 가까이 오실 때에 사람들이 한 죽은 자를 메고 나오니 이는 그 어미의 독자요 어미는 과부라. 그 성의 많은 사람도 그와 함께 나오거늘 주께서 과부를 보시고 불쌍히 여기사 울지 말라 하시고 가까이 오사 그 관에 손을 대시니 멘 자들이 서는지라. 예수 께서 가라사대 "청년아, 내가 네게 말하노니 일어나라" 하시매 죽었던 자가 일어앉고 말도 하거늘 예수께서 그를 어미에게 주신대(눅 7:11-15).

예수님은 긍휼에 못 이겨 그 어머니의 고통을 뼛속으로 느끼셨다. 그 것이 그분의 심령 속에 어찌나 깊이 느껴졌던지 그 긍휼이 아들을 도로 살려냈던 것이다. 이와 같이 긍휼에 못 이겨 "아파하는 자들과 함께 아파하는" 사람들은, 어려운 사람들과 함께하시는 하나님의 아픈 임재와 연대감을 증거한다. 하나님의 이름은 임마누엘, 즉 "우리와 함께하시는 하나님"이시다.

하지만 우리가 돕고자 하는 사람들의 문제를 우리가 해결하거나 상황을 변화시킬 수 없다면 어찌할 것인가? 아파하는 자들과 함께 있어주면 때로 그 결과로 고통과 아픔이 덜어질 수 있으나 그것은 우리가 곁에 있어주는 주된 이유는 아니다. 사역이란 병든 자, 죽어가는 자, 가난한 자들과 함께 있되 그들의 연약함과 우리의 무력함 속에서 용감하게 그렇게 하는 것이다. 우리는 그들의 문제를 풀 수 없고 그들의 의문에조차 답할 수 없다.

우리는 피차의 연약함과 쌍방적인 사역 속에서 감히 다른 사람들과 함께 있다. 그 이유는 바로 하나님이 우리와 함께 아파하시며 고통의 한복판에서 우리를 감사와 긍휼로 부르시는 하나님이기 때문이다. 당신은 세상의 모든 문제를 해결할 수는 없지만 문제와 의문 속에 있는 사람들과 함께 있어줄 수는 있다. 거기서 기쁨도 얻게 될 줄로 믿으면서 단순히 함께 있어 주는 것이다. 테레사 수녀가 즐겨 말한 것처럼 "예수님은 당신을 성공하라고 부르시는 것이 아니라 충성하라고 부르신다."

예수님은 "하늘에 계신 너희 아버지께서 긍휼히 여기시는 것과 같이 너희도 긍휼이 여기라"고 하셨다. 이것은 위대한 소명이다. 두려워하지 말라. "나는 못한다"고 말하지 말라. 자신이 사랑받는 자임을 안다면 그리고 공동체로 함께 사는 친구들이 주변에 있다면, 당신은 무엇이든 할 수 있다. 누군가가 죽어갈 때에 당신은 더 이상 두려움 없이 그 집의 문을 두드린다.

겉은 화려하지만 이면에는 사역의 필요가 절실한 사람에게 당신은 두려움 없이 말을 건다. 자신이 사랑받는 자임을 알면 당신은 이 세상 속으로 들어가 사람들을 만지고, 치유하고, 함께 이야기하고, 그들 또한 사랑받고 선택받고 축복받는 자임을 알려줄 수 있다. 우리는 다른 사람들에게 사랑과 감사를 보이되 우리의 힘이나 능으로 하는 것이 아니라 단순히 고통의 한복판에 같이 있어줌으로써 그렇게 한다. 이것이 사역의 신비다.

순종적인 낮아짐과 자발적인 물러남

사역에서 긍휼과 감사는 순종적인 낮아짐과 자발적인 물러남이라는 쌍둥이 훈련을 통해서 가능하다. 이 둘이 함께 있으면 가난한 사람들을 섬기고 사역하는 우리의 소명에 계속 충실할 수 있다.

순종의 자세로 내려가는 길을 택하신 예수님

우리가 살고 있는 사회는 올라가는 길이 우리가 가야 할 길임을 무수한 방식으로 알리고 있다. 정상에 오르고, 각광받고, 기록을 경신하라. 그래야 주목을 끌고, 신문 일면을 장식하고, 돈과 명예의 보상을 얻는다. 우리 문화는 '상향 이동'을 떠받든다. 안전한 출세 가도를 지키고, 현 상태를 유지하고, 다른 사람들에게 재미있는 사람으로 보이고, 사업과 정치와 스포츠와 학문과 심지어 영적인 실천에 성공하라.

'세상'(요한이 말한 mundus, 즉 문자적으로 '어두운 곳'의 의미에서)은 나 자신이 관심의 초점이 되려고 정말로 애써야 함을 우리에게 오만 가지 방식으로 말하고 있다. 우리는 익명의 군중 속에서 돋보이는 유명인사가 되려고 애써야 한다. 교육 제도가 우리 안에 그것을 길러주고, 대중매체가 신문, 라디오, 텔레비전을 통하여 쏟아내는 메시지들로 그것을 굳혀준다. 남들이 안 하는 일들을 하고 남들이 하지 않는 말들을 하고 남들이 생각하지 않는 것들을 생각할 때 우리는 재미있는 사람이 된다. 그런 것들을 충분히 오랫동안 행하거나 말하거나 생각하고 그것을 충분히 잘 선전하면 우리는 메달, 상, 진급, 기념패를 받는다. 어두운 세상의 커다란 유혹은, 과연 미혹당하여 긍휼의 주체가 아니라 관심의 대상이 되려는 욕망을 품는 것이다.

예수님의 길은 세상의 정신과 근본적으로 다르다. 그것은 낮아짐의 길이다. 그것은 줄의 맨 끝으로 가고, 무대 뒤에 남아 있고, 말석을 택하는 것이다! 예수님의 길은 왜 택할 가치가 있을까? 그것이 곧 하나님 나라의 길이요 영생을 가져다주는 길이기 때문이다.

내 안의 모든 것은 올라가길 원한다. 예수님을 따르는 낮아짐은 내 성향과 주변 세상의 충고와 내가 속한 문화에 완전히 대치된다. 라르슈의 가난한 자들과 함께 가난해지는 길을 택하면서도 나는 여전히 그 선택에 대하여 칭찬받기를 원한다. 사방 어디를 보아도 나는 예수님의 십자가의 길을 따르지 않으려는 내 뿌리 깊은 저항에 부딪친다. 물질적인 가난이든 지식적인 가난이든 정서적인 가난이든 가난을 피하려는 내 무수한 방법들에 부딪친다. 하나님의 충만하심이 그 안에 거하시는 예수님, 오직 그분만이 온전히 가난해지고 겸손해지는 길을 자유로이 완전히 택하실 수 있다.

성육신의 위대한 신비는 하나님이 인류에게 내려오셔서 우리 가운데의 하나가 되셨고, 일단 우리 가운데 오시자 다시 사형선고를 받고 완전히 버림받는 자리로까지 내려가셨다는 것이다. 여정의 중대한 고비들마다 예수님은 순종의 자세로 내려가는 길을 택하셨다. 1세기 기독교에는 그리스도의 이 하향 길에 대하여 이미 부르던 찬송가가 있었다. 바울은 교인들에게 삶의 사다리에서 아래쪽 방향을 권하고자 그것을 빌립보서에 담았다(빌 2:5-8). 그는 이렇게 썼다.

> 너희 안에 이 마음을 품으라 곧 그리스도 예수의 마음이니
> 그는 근본 하나님의 본체시나
> 하나님과 동등 됨을
> 취할 것으로 여기지 아니하시고
> 오히려 자기를 비어
> 종의 형체를 가져
> 사람들과 같이 되었고
> 사람의 모양으로 나타나셨으매
> 자기를 낮추시고
> 죽기까지 복종하셨으니 곧 십자가에 죽으심이라.

여기 하나님의 사랑의 길이 간결하면서도 아주 분명하게 표현되어 있다. 이것은 더없는 극빈의 자리로까지 점점 더 내려가는 길이다. 범죄자 신세가 되어 목숨을 빼앗기는 극빈의 자리로까지 말이다. 예수님

의 내려가는 길에서 사랑에 기초한 새로운 종류의 공동체가 탄생하다니 그것이 어떻게 가능한가? 이것을 가슴속 깊이 이해하는 것이 매우 중요하다. 그래야 예수님의 내려가는 길을 따라가려는 열망이 당신 안에 점점 자라갈 수 있다.

자신의 고통과 한계를 깨닫는 자발적인 물러남

우리는 사역의 하향 길로 예수님을 따라가도록 그리고 비록 "원치 아니하는 곳"(요 21:18)일지라도 하나님이 인도하시는 곳으로 가도록 부름 받았다.

예수님을 따르려면 편한 곳을 떠나야 한다. 내 편안한 곳 바깥으로 가야 한다. 영적인 물러남이 요구된다. 물러난다는 말을 사전에서 보면 "평범하거나 당연한 자리에서 옮기거나 이동하는 것"으로 되어 있다. 바닷물이 물러나 배에 자리를 내주듯이 우리도 나 자신보다 큰 무엇이 나를 새로운 방향이나 존재 상태로 이동시키면 물러나게 된다. 물러남이 진정한 훈련이 되려면 자발적이어야 한다.

자발적인 물러남은 우리가 평범하고 당연한 것들의 그물에 갇히지 않게 해준다. 이것은 우리의 실체가 무엇인지 기억하고 우리의 가장 큰 선물인 감사와 긍휼을 잃지 않는 데에 꼭 필요한 훈련이다. 자발적인 물러남은 "정상에 올라야" 한다는 환상을 벗겨주고, 더 깊은 영적 실체의 맛을 우리에게 보여준다. 그것을 통하여 우리는 자신의 아픔과 고통, 자신의 상처와 깨어진 모습, 자신의 한계와 무력함에 눈뜨게 된다. 재미있고 유별나고 특이하며 남달리 칭찬받을 만한 사람이 되려고 하는 한, 우리는 나도 남들과 다를 바 없이 인류의 일원이며 결국 우리가 다르지 않고 같다는 그 깊은 인식에서 괴리된 것이다.

물러남의 훈련은 편한 곳과 쉬운 오아시스를 떠나도록 우리를 부른다. 부름 받았다는 것은 늘 가는 중이고, 늘 이동 중이고, 늘 찾는 중이고, 늘 바라는 중이며, 늘 앞을 내다본다는 뜻이다. 우리의 소명에는 특정한 직업의 길이 요구될 수도 있다. 소명은 구체적인 일이나 업무로 눈에 보이게 나타날 수도 있다. 그러나 절대로 그것으로 국한될 수는 없는 일이다.

영적인 삶에서 중요한 것은 우리의 직업이 아니라 소명이다. 직업을 소명 자체로 취급하기 시작하는 순간 우리는 결국 '평범하고 당연한 곳'에 떨어질 위험이 있다. 아직도 남아 있는 내 상처들이 동료 순례자들과 함께하는 추구를 지속하도록 나를 부르고 있다는 사실을 망각한 채 말이다.

토머스 머튼에게 물러남은 대학교를 떠나서 수도원으로 들어가는 것이었다. 마르틴 루터에게 물러남은 수도원을 떠나서 개혁가가 되는 것이었다. 디트리히 본회퍼에게 물러남은 안전한 미국에서 고국으로 돌아가 나치의 포로가 되는 것이었다.

마틴 루터 킹 주니어에게 물러남은 흑인의 '평범하고 당연한 자리'를 떠나서 민권 운동을 이끄는 것이었다. 테레사 수녀에게 물러남은 수녀원을 떠나서 캘커타의 '가난한 자들 중에 가장 가난한 자들'을 돌볼 기관을 세우는 것이었다. 장 바니에에게 물러남은 학계를 떠나 라르슈에서 장애인들과 함께 사는 것이었다.

많은 사람들에게 있어서 물러남이란 대단할 것 없는 자신의 일상생활 속에서 충실히 인내하는 것이다. 거창한 망상을 버리고 시장터에서 자신의 사역에 충실히 임하는 것이다. 그런가 하면 자유로운 사역을 위해서 자발적인 낮아짐의 행위로써 자신의 직업과 안전을 버리는 사람들도 있다.

물러날 것조차 없는 사람들도 많이 있다. 그들은 비자발적으로 이미 물러난 상태다. 그들의 도전은 '평범하고 당연한 자리'에서 나오는 것이 아니라 주어진 존재 상황을 자신의 소명으로 삼는 것이다. 그들이 답해야 할 질문은 이것이다. 내 강요된 물러남을 어떻게 하면 자발적인 것으로 전환시킬 수 있을까? 각 개인의 구체적인 삶 속에서 물러남의 의미가 무엇이든, 그것은 사역에 꼭 필요한 선결 조건이다.

물러남과 낮아짐이 맺은 긍휼의 열매

물러남과 낮아짐의 놀라운 역설은 거기서 공동체가 생겨난다는 것이다. 아시시의 프란시스는 사회의 평범하고 당연한 자리를 떠나서 자신의 옷을 찢고 혼자 외딴 동굴에서 살았다. 그때 그는 자신의 몸만 드러낸 것이 아니라 자기 마음속의 깊은 상처까지 드러낸 것이다. 그의 물러남은 깨어진 존재라는 인간의 기본 조건과 하나님 은혜의 필요성에 대한 증거가 되었다. 다른 사람들이 감화를 받아서 그의 청빈한 삶에 동참했다. 곧 프란시스코 수도회가 탄생했다.

누군가 하나님 나라를 위하여 자발적으로 물러나면 예언자적인 공동체가 생겨날 때가 많다. 베네딕트, 프란시스, 이냐시오, 조지 폭스, 존웨슬리, 테레사 수녀, 로저 형제의 예처럼 그들의 생전에 그렇게 될 때도 있다. 반면 샤를르 드 푸코, 디트리히 본회퍼, 토머스 머튼, 마틴 루터 킹 주니어의 예처럼 그들이 죽은 후에 그렇게 될 때도 있다. 물러남을 통하여 우리는 자신의 상처 입은 상태에 눈뜨게 되고 고난 받는 타인들과 함께 있어줄 수 있게 되는데, 그렇게 되면 공동체는 긍휼의 열매들이 가시화되는 첫 자리가 된다.

무익한 종으로 주님의 임재 안에 빈손으로 서면, 나는 내 기본적인 의존성과 은혜의 깊은 필요성을 인식하게 된다. 기도는 내 온전함과 '자아실현'의 가식을 허물어준다. 무릎 꿇고 눈을 감고 두 팔을 벌리라고 기도는 나를 부른다. 기도 중에 나는 앞으로 나아가도록 나를 부르시는 하나님의 음성을 듣는다. 내 귀향길을 찾는다. 공동체 안에서 돌보고 돌봄을 받는다는 내 소명을 발견한다.

그렇다면 당신은 어떻게 섬길 수 있을까? 다른 사람들을 향한 당신의 사역은 무엇일까? 당신의 시간을 어디에 써야 할까? 고통 받는 사람들이 있는 곳으로 가되 혼자 가지 말라. 삶의 좋고 궂은 것들에 대하여 감사하는 법을 배운 다른 사람들과 함께 가라. 비록 문제와 고통이 끈질길지라도 어려움 당한 사람들 곁에 앉아 있을 수 있는 사람들과 함께 가라. 당신의 마음이 깨어지게 하라. 자신을 비우신 예수님의 본에 의지하라. 그러면 당신은 하나님의 힘으로 충만해질 수 있다. 그러면 주변 사람들 속에서 메시아를 만나게 될 것이다.

헨리 나우웬의 영성 교실

오늘의 할 일 ▶

영적인 삶을 수레바퀴를 돌리는 것에 비유하고 싶다. 바퀴의 테두리에서 시작하면 바큇살을 한 번에 하나씩밖에 만질 수 없다. 그러나 바퀴 축에서 시작하면 한꺼번에 모든 바큇살에 닿을 뿐 아니라 결국 테두리에까지 이르게 된다. 바퀴가 상징하는 것은 무엇인가? 바퀴 축은 우리 마음속에서 이루어지는 하나님과의 교제다. 그것은 공동체라는 많은 바큇살과 이어져서 사역이라는 테두리로 뻗어나간다. 사역 활동이 너무 많다면 그것은 마치 바퀴의 테두리를 돌면서 한꺼번에 항상 모두에게 닿으려고 하는 것과 같다. 그러나 하나님은 말씀하신다. "축에서 시작하라. 축에서 살라. 그러면 모든 바큇살과 이어질 것이다. 그리고 테두리에 이르러도 너무 빨리 달릴 필요가 없게 된다."

다음 질문들 중 몇 가지를 가지고 당신의 영성 지도자나 공동체 그룹과 함께 토의해보라.

어떤 면에서 당신은 바퀴의 '테두리'에서 다른 사람들을 섬기려고 하고 있는가? '축'에서 사역을 시작한다면 그리고 다른 사람들에게 베푸는 섬김에 '바큇살들'도 포함시킨다면 그때는 어떻게 될까?

현재 당신이 함께 사역하고 있는 사람들은 누구인가? '둘씩 짝지어' 나가서 섬기고 복음을 전하는 것은 어떤 점에서 중요한가?

사역이 만일 잘름잘름 넘치는 잔에서 기쁨이 '튀어 넘치는' 것이라면, 당신의 삶은 어떤 면에서 다른 사람들을 향한 사랑으로 가득 차서 흘러넘치고 있는가? 당신의 사역은 어떤 면에서 당신의 영적인 삶을 고갈시키고 있는가? 어떻게 하면 삶과 사역의 수레바퀴에 균형을 이룰 수 있을까?

당신의 공동체 안의 누군가에게 이렇게 물어보라. "사역을 위한 내 은사들이 무엇이라고 보는가?" 그들의 대답을 당신 자신의 은사 평가와 비교하면 어떤가?

영성 수업의 이번 여정을 지나온 후에, 이제 당신이 할 일은 무엇인가? 공동체 내에서 당신은 어떤 영적 훈련들 내지 실천들에 헌신하겠는가? 영적인 삶을 온전히 살기 위해서 어떤 다짐들을 하겠는가?

영성 수업 중에, 개개인들은 생활 규칙이나 일련의 영적 실천들에 헌신하는 경우가 많이 있다. 당신이 자신의 여정을 돌아보는 동안 내 경험을 나누고 싶다. 수년간의 영혼 성찰 후에 그리고 내 영적인 집이 된 라르슈 데이브레이크 공동체에서 첫해를 다 보낸 후에 내가 실천을 헌신하고 다짐했던 것들이다.

* * *

1987년 7월 21일, 나는 사제 서품 30주년을 맞았다. 데이브레이크에서 첫해 동안 경험한 모든 일들을 생각해볼 때 나는 파티를 할 기분은 아니었다. 대신 나는 공동체의 몇몇 종신회원들에게 나와 함께 기도해주고, 내 은사들과 소명을 함께 점검해주고, 내게 따끔한 지도를 베풀어줄 것을 부탁했다.

여러 면에서 내게 고통스러운 경험이었다. 내 모든 한계와 단점을 직시하고, 그것을 친구들에게 나누고, 하나님과 공동체에 나아가 도움을 구해야 했던 것이다. 그러나 그것은 참으로 생명을 주는 경험이기도 했다. 나를 둘러싼 사람들은 내 결점들을 아주 분명히 보고는 모든 지원과 인도와 사랑을 아끼지 않았다. 덕분에 나는 그 결점들을 그냥 걸림돌이 아니라, 우리 공동체의 핵을 이루는 사람들, 곧 자신의 장애를 숨길 수 없는 사람들과 연대감을 이루는 관문으로 삼을 수 있었다.

이 기념일을 지내면서 나는 향후 몇 년간 힘쓸 일 세 가지를 다짐했고, 거기에 충실할 수 있도록 공동체의 도움을 부탁했다. 첫째로, 나는 기도를 더 많이 하기로 다짐했다. 예수님이 과연 내 삶의 중심일진대 마땅히 나는 그분께 훨씬 더 많은 시간을 드리고 주목해야 한다. 특히 나는 내 필요, 내 문제, 내 소원보다는 하나님의 사랑, 그분의 긍휼, 그분의 자비에 집중하는 경배의 기도를 드리고 싶다. 과거의 내 기도는 다분히 내성內省이 강했다. 자기중심적인 성찰에서 단순한 경배로 돌리면 하나님의 실체와 또 나와 함께 사는 하나님의 사람들의 실체에 점점 더 눈뜨게 될 것을 나는 안다.

둘째, 내 공동체를 더 잘 알기 위해서 최선을 다하기로 다짐했다. 첫한 해 동안 공동체 핵심 멤버들과 봉사자들 중 다수는 여전히 내게 낯선 사람들로 남아 있었다. 공동체 밖에서 이런저런 일로 초청도 많았고, 거기에 한두 명의 친구의 지원만을 찾는 내 성향까지 어우러져서, 나는 공동체 전체를 내 참된 집으로 삼지 못했다. 다른 집들에서 식사하고, 내 사람들과 함께 '시간을 보내고,' 말하고, 놀고, 함께 기도하고, 그들에게 나를 정말로 알게 해주려면 특별한 훈련이 요구된다. 내 스케줄을 새로운 방식으로 짜야 하고, 외부의 요청들을 더 많이 거절해야 하고, 내가 함께 살고 있는 사람들이 곧 나의 참된 가족이라는 굳은 확신이 있어야 한다. 그리하여 나는 예수님을 기도의 고독 속에서만 아니라 사랑의 공동체 안에서도 알게 될 것이다.

끝으로, 나는 내 소명과 사역의 일부로 글쓰기를 지속하기로 다짐했다. 데이브레이크처럼 전체적으로 스케줄이 빡빡한 공동체 생활에서 집필에 필요한 조용한 시간을 내기란 무척 어렵다. 그러나 데이브레이크로 오는 소명에는 계속 글을 쓰는 소명도 들어 있었다. 글을 쓰지 않으면 나는 내게 주어진 말씀 사역에 참으로 충실하지 않은 것이다. 하나님과 신체·정신 장애인들과 함께하는 내 숨은 삶은 글쓰기를 통해서 교회와 세상에 하나의 선물이 될 수 있다. 그러므로 장애인들과 봉사자들과 같이 사는 공동체 내에서 내 기도생활에서 나오는 말들을 기록하는 훈련은 내가 헌신하기 나름이다.

예수님을 따르는 길이 얼마든지 더 숨은 여정이 될 수도 있지만, 그래도 절대로 혼자만의 여정이 되어서는 안 된다. 나에게 그것은 '원치 아니하는 곳들'로 예수님과 함께 가는 그 고통과 기쁨, 어둠과 빛, 피곤과 활기, 절망과 희망을 최대한 솔직하게 소통한다는 뜻이다. 이런 내밀한 경험들을 말로 표현함으로써 나는 내 삶을 다른 사람들에 내줄 수 있고, 그리하여 "내가 들은 바요 눈으로 본 바요 주목하고 내 손으로 만진 바"(요일 1:1)인 생명의 말씀을 증거할 수 있다.

이런 다짐들에 충실하도록 나를 붙들어줄 사람들에게 둘러싸여 있어서 기쁘다. 그들 앞에서 내 책임을 다하고 싶다. 당신도 공동체 생활과 영성 수업의 실천들 및 훈련들에 헌신했으면 하는 것이 내 기도요 바람이다. 하나님의 영은 우리를 부르시어 내면의 마음을 들여다보고, 책 속에서 하나님을 보고, 공동체 안에서 다른 사람들을 보게 하신다. 그럴 때 우리는 믿음의 먼 여정에서 의문들을 품고 살아갈 수 있다.

묵상과 일기 ▶ ▶ ▶

- 당신이 긴장을 풀고서 당신 자신과 다른 사람들을 즐거워할 때 어떻게 사역과 섬김이 일어날 수 있을까?
- 당신의 공동체 안에서 당신과 함께 섬기는 사람, 그리고 당신을 섬기는 사람들은 누구인가?
- 당신이 살아오면서 당해야 했던, 오늘의 당신이 있게 한 고통과 고난은 어떤 것들인가? 이 질문을 던지고 그 대답을 들을 때에 우리는 서로에게 사역하는 것이다.
- 당신이 문제를 해결할 수 없을 때, 고통이나 고민에 처한 사람과 단순히 함께 있어 주는 것이 어떻게 도움이 될 수 있을까? 사역을 하면서 당신은 자신의 무력함을 수용할 수 있는가?

영적 질문들에 대한 해답을 담은 책

    젊은 사제 시절에 헨리 나우웬은 영성 수업을 성숙한 영적 리더와 신참 사제나 사역자 사이의 감독과 상호 책임의 공식적 관계로 보았다.[32]

    인생 후반에 그는 영적 우정이나 영혼의 친구라는 말을 선호했는데, 그 안에는 영적인 상호 책임과 신앙 형성 과정에 필수로 따르는 기브앤드테이크가 들어 있다.[33] 헨리에게 영성 지도자란 단순히 내 삶에 관하여 나와 함께 대화하고 기도하는 사람이었다. 지혜와 지도는 영적 훈련과 영적인 삶을 살려면 반드시 필요한 상호 책임에 헌신한 두 사람 이상의 영적인 대화와 관계에서 나오는 것이다. 따라서 헨리가 이해한 영성 수업이란 영적 구도자가 모호하고 산만한 세상에서 영적으로 사는 법에 관하여 자신의 의문들에 기꺼이 지혜와 이해로 반응하고 기도해줄 성숙한 신앙인을 찾아서 시작하는 관계다.

영적인 삶은 역설에 기초하고 있다고 헨리는 말한다. "고독 없이 영적인 삶을 산다는 것이 사실상 불가능한 일이다."[34] 그러나 영적인 삶이란 혼자서 살 수 없는 것이다. 하나님을 알려면 고독이 필요하지만 그럼에도 우리에게는 상호 책임을 다하게 해줄 신실한 공동체가 필요하다.

우리는 마음속에 상존하는 하나님의 말씀을 듣는 법을 배울 필요가 있다. 성경말씀 속에서 하나님의 말씀을 분별하려면 우리에게 공부와 영적 실천이라는 훈련들이 필요하다. 예배하고, 나누고, 서로 바로잡아주고, 짐을 져주고, 잘못을 고백하고, 용서를 베풀고, 삶을 축하하는 그런 기회들이 있는 교회나 신앙 공동체도 필요하다. 그리고 영적인 친구들, 영성 지도자, 영적인 상호 책임 그룹 같은 길잡이도 필요하다. 그런 길잡이는 우리의 영혼을 지탱시켜주는 안전지대 역할을 할 수 있다.

헨리는 어디를 가든지 공동체를 만들었고, 그 공동체 안에서 영성 수업을 베풀되 공식적으로 할 때도 있었지만 대개는 비공식적인 대화와 우정을 기반으로 베풀었다. 사적인 서신 교환, 공적인 가르침, 간행된 저작을 통해서도 그는 많은 사람들의 영성 지도자가 되었다. 죽기 전에 그는 친구들에게 말하기를, 죽어서도 그의 정신은 그가 사랑하고 그를 사랑하는 사람들 곁에 있을 것이라고 했다.

따라서 여러분은 지금 이 책이 가지고 있는 활자의 위력과 성령의 역사로 말미암아 직접 헨리 나우웬의 영성 수업을 경험할 수 있으리라고 믿는다.

이 책은 어떻게 나오게 되었는가

이 책의 아이디어는 하나의 단순한 만남에서 비롯되었다. 레베카가 헨리 나우웬에 대하여 강연하도록 되어 있던 어떤 연회 석상에서, 마침 영성 지도자가 되려고 공부하고 있던 어느 젊은 개신교 여성이 레베카와 같은 식탁에 앉았다가 자신의 최근 고민들을 털어놓았다. 불임으로 인한 우울증 때문에 그녀는 무기력과 낙담에 빠져 있었다. 그녀는 말했다. "그나마 헨리의 책들을 읽으며 지난여름을 났습니다. 책을 통해서 그는 어둔 밤을 지나는 내게 개인적인 길잡이가 되어주었지요."

마지막 책들을 쓸 때에 60대의 나이였고 불임이나 결혼생활의 기복을 전혀 겪어보지 못한 천주교의 남성 사제가 어떻게 이 여자의 상한 마음을 어루만질 수 있었을까? 물론 우울증이란 성별과 나이를 초월하지만 비단 그것만이 이유가 아니었다. 헨리는 인간 보편의 영적 필요와 갈망들에 대하여 말했고, 가장 개인적인 것이 또한 가장 보편적인 것임을 잘 알았다. 그는 기독교 영성 전통의 심연에서 살았고, 인간 공통의 고민들 밑에 깔린 근본적인 의문들을 들을 줄 알았다.

많은 사람들이 헨리의 책들에서 신앙 지도를 구한다. 그러나 헨리와 직접 무릎을 맞대고 앉아서 가장 절박한 영적 의문들을 던질 수 있다면 얼마나 좋을까 하고 아쉬워하는 사람들이 우리 중에 많이 있다. 하지만 그것은 이제 불가능한 일이다. 헨리는 이미 몸으로는 우리 곁을 떠났다. 우리는 독자들을 그런 커다란 의문들 속으로 안내할 책이 있었으면 좋겠다는 생각이 들기 시작했다. 인간 보편의 영적 의문들을 의식적으로 탐색하며 길잡이를 찾기 시작할 때면, 많은 사람들이 그런 커다란 의문들에 부딪치게 마련이다.

신학교 시절에 헨리의 영성 수업의 유익을 누렸던 마이클은 예일대학교 신학부에서 헨리가 가르쳤던 영성 수업 과목의 필기 공책이 아직도 자신에게 있음을 떠올렸다. 우리가 일을 시작하기에는 그것으로 충분했다. 영성 수업을 통한 영성 개발을 주제로 한 헨리의 미간행 원고들을 찾고자 우리는 토론토의 세인트 마이클 대학에 소장된 헨리 나우웬 문서들을 뒤졌다. 찾아낸 내용은 얼마 안 되었지만 훌륭했고, 문학적으로 상당한 짜깁기와 손질이 필요했다.

우리는 기존에 간행되지 않은 묵상, 강연, 설교, 수업 강의안, 권장된 연습 활동들을 모두 종합했다. 본래 잡지 기사로 간행된 자료들도 짜넣었는데, 그것은 헨리의 저서들에 나오는 좀더 세련된 버전보다는 형식이 덜 갖춰지고 더 직선적이었다. 해당 주제를 다룬 더 좋은 원전이 마땅치 않을 때에는 간혹 헨리의 기존 저서들의 본문도 발췌했다. 이렇게 탄생된 최종 결과물은 어느 영성 수업 관계에서나 흔히 탐색하게 되는 영적인 삶의 커다란 의문들에 대한 헨리의 접근을 제시하려는 우리의 시도이며, 이것은 헨리 나우웬 유작 센터의 협력으로 가능했다. 우리의 취지는 헨리 나우웬의 저작들과 권장된 연습 활동들을 매개로 하여, 그와 함께 영성 수업에 임하는 경험을 제공하려는 것이다.

편집된 원고는 확신컨대 '헨리의 수작'이라 할 만하다. 즉 영성 수업을 베풀고 받을 때 헨리의 가장 최신이자 가장 성숙한 사고를 접하는 것이며, 그가 우리와 동행한다는 의미이다. 그러나 영성 수업 관계의 일환인 교제와 상호 책임은 지면상의 말로 대체되거나 복제될 수 없다는 사실을 짚어둘 필요가 있다. 이 책은 영성 지도자들과 영성 수업을 받고자 하는 사람들 양쪽 모두를 위한 것으로, 헨리의 지혜와 신학적 묵상을 만나는 동안 당신에게 개인적인 묵상과 다른 사람들과의 교류를 격려하고자 함이 그 본뜻이다.

우리가 믿기로 이 책은 거룩한 대화와 병행하여 활용할 때 당신에게 가장 좋은 도구가 될 것이다.

이 책은 최소한 두 번 읽도록 고안되었다. 처음에는 빠른 속도로 통독하는 것인데, 앉은 자리에서 단번에 읽어도 좋다. 두 번째는 천천히 묵상하며 읽는 것인데, 매주 한 장씩 10주에 걸쳐서 읽으면 좋다. 당신의 의문, 필요, 관심사에 따라 각 장을 혼자 읽어도 좋고 공동체 안에서 읽어도 좋고, 순서대로 읽어도 좋고 순서를 무시하고 읽어도 좋다. 당신이 묵상하며 다른 사람들과의 대화를 준비하는 데, 각 장 끝에 나오는 '묵상과 일기'의 질문들이 도움이 되기를 바란다. 매장 끝에 나오는 오늘의 할 일은(대부분 헨리가 사용하고 권장한 것들이다) 당신의 영성 지도자나 영혼의 친구나 소그룹과 함께 하도록 마련된 것이다.

이 책은 영적인 삶을 살기 위한 열 가지 보편적인 의문을 중심으로 이루어져 있다. 의문들은 비유, 개인적인 이야기, 성경 묵상 등에 싸여 있는데, 이는 헨리가 자신의 영성 수업 및 영성 개발 강의들을 구성한 방식이기도 하다. 그는 짧고 예리한 비유들을 말했고, 근본적이고 영속적인 질문들을 던졌다. 그리고 대체로 복음서의 본문들을 택하여 묵상했고, 수많은 훈련들과 원칙들을 찾아냈으며 신앙을 심화시키는 구체적인 길들을 권장했다.

어떻게 읽거나 활용하든 간에 이 책은 당신 자신의 공동체 내에서 개인적인 영적 성장을 위하여 장기간 문서로 헨리를 만날 수 있는 장이다. 맨 뒤에 장별로 출전을 밝혀서 원문과 원래의 정황을 더 탐색할 수 있게 했다. 영성 지도자를 식별하고 찾아내며 영성 수업의 훈련을 지속하게 해줄 추가 자료들도 부록에 실었다.

우리 두 사람은 헨리의 생전에 그의 영성 수업의 유익을 직접 누렸다. 헨리를 아는 다른 사람들한테서 우리는, 그에게 일상의 대화 속에서 영적 실체들과 진리들을 밝혀나가는 특별한 재주가 있음을 배웠다. 그에게는 우정과 환대라는 훌륭한 은사가 있었다.

이제 헨리는 갔지만 그의 지혜는 남아 있다. 지금도 우리는 기록물을 통하여 그의 정신과 소통할 수 있다. 그가 물리적으로 부재한 만큼 우리 모두는 영적인 삶의 진정한 길잡이요 지도자를 더욱 더 의지해야 하는데, 물론 그분은 성령이시다. 우리가 믿기로 헨리도 이러한 환기를 지지할 것이며, 우리의 생명을 주신 분이요 지으신 분이요 조각하신 분이신 하나님을 평생에 하던 대로 늘 우리에게 가리켜 보일 것이다.

마이클 크리스텐슨, 레베카 레어드

영성 지도자를 찾는 법

영성 지도자를 찾는 일은 기도로 시작된다. 대부분의 사람들은 처음부터 인명록을 살피거나 인근 수련원에 전화를 걸거나 목사와 사제들에게 의뢰를 부탁한다. 이런 단계들도 필요하고 유익하지만, 참된 출발점은 하나님께서 주도하시도록 그분께 청하는 것이다. 내 이야기가 당신에게 혹 출발의 단서가 될지도 모르겠다.

나는 신학교에서 기독교 영성 역사 과목을 듣다가 '영성 지도자'에 대하여 처음 배웠는데, 그때부터 당장 내게도 영성 지도자가 필요함을 깨달았다. 당시 20대 중반이던 나는 개인적인 고민들이 있었고 나 자신의 소명을 찾아내려 하고 있었다. 나는 개신교 학생이었지만 종교개혁

이전의 기독교 영성 전통에 대한 공백들을 채우고자 천주교 신학교에서 과목들을 듣고 있었다. 그러다 보니 영성 지도자를 찾는 일을 어디서부터 시작해야 할지 막막했다. 마침 강의 시간에 지혜로운 질문을 던지곤 하던 연합감리교회의 한 여자 목사가 눈에 띄어서 나는 쭈뼛쭈뼛 그녀에게 수업 후에 함께 커피를 마시자고 했다.

대화 중에 알고 보니, 바버라라고 하는 이 지혜로운 여인은 영성 지도 쪽으로 훈련을 받았으나 하필 안식년 중이었다. 그러나 그녀는 기꺼이 다른 사람을 권해주겠다고 했다. 그녀는 나와 좀더 친해지려고 몇 가지 질문을 던졌다. "당신이 영성 지도를 구하게 된 동기는 무엇인가? 당신의 영적인 삶을 나눌 때 어떤 성격의 사람이 편한가? 당신의 영적 여정과 오늘의 당신이 있기까지의 과정에 대하여 간략히 말해달라. 당신이 사는 곳은 어디이며 영성 수업에 몇 번이나 시간을 낼 수 있는가?" 우리는 그녀가 적임자를 알아볼 때 하나님이 지도해주시도록, 그리고 하나님이 인도하실 사람을 향하여 내게 열린 마음을 주시도록 기도했다. 우리는 그 다음 주에 수업 후에 다시 만나기로 했다.

마음을 열어달라고 일주일 내내 기도했건만, 시간을 내서 하나님의 인도를 구할 때마다 자꾸만 바버라의 얼굴이 눈앞에 떠올랐다. 영성 지도를 베푸는 사람이라고는 그녀밖에 몰랐으므로 아마 그 쪽으로 내 마음이 쏠렸던 모양이다. 그러나 끌림은 집요했다. 그 다음 주에 다시 만났을 때 나는 불안했다. 그녀가 내 영성 지도자가 되어주었으면 좋겠다는 말을 어떻게 입 밖에 내야 할지 몰랐다. 그녀가 안식년 중이며 마땅히 시간을 아끼고 있음을 나는 알았다.

하나님은 내가 굳이 용기를 내지 않아도 되게 해주셨다. 그녀가 신기하다는 표정으로 나를 보며 말했던 것이다. "동료들 명단을 훑어보았는데 내가 직접 당신의 지도자가 되어주라는 하나님의 감화를 느꼈어요." 나는 너무 고마워서 울 뻔했다. 그녀는 내게 시간과 장소를 내주었고, 우리의 영성 지도 관계는 그렇게 시작되었다. 그녀는 다른 사람들이 그녀에게 거저 주었듯이 이것도 그녀가 내게 자원해서 베푸는 선물이라고 했다. 그리고 전혀 돈을 받지 않았다.

몇 년 동안 그녀는 나를 자기 사무실로 불러 반겨주었다. 물론 우리는 생의 의문들을 탐색했다. 내 나이 20대이다 보니 아무래도 성, 친밀함, 자립 등이 당면 이슈가 되었다. 당시에는 몰랐지만 돌아보면 그때 주로 다루었던 의문들은 "나는 누구인가?" "내가 속한 곳은 어디인가?"였다.

늘 촛불이 밝혀져 있었고, 천을 누벼서 만든 보온 커버 안의 찻주전자는 언제라도 물을 부을 수 있도록 뜨끈뜨끈했다. 바버라는 경청하고, 캐묻고, 도전하고, 사랑해주고, 나를 위하여 그리고 나와 함께 기도해주었다. 그녀는 내게 침묵 속에 앉아 있는 법을 가르쳐주었다. 내 기도의 질, 양, 본질에 대해서도 자주 물어보았다. 얼마나 귀한 선물인가. 그녀가 이사를 간다고 했을 때 나는 날개를 시험할 준비가 된 새끼 새의 심정이긴 했으나, 그래도 그녀의 친절과 우정이 못내 그리울 것 같았다. 정말 그랬다.

몇 년 후에 어떤 끔찍한 범죄에서 발단된 신앙의 위기 때문에 나는 다시 영성 수업을 구하지 않을 수 없게 되었다. 이번에는 그냥 어느 수련원으로 직접 찾아갔다. 집에서 한 시간 거리인 그곳은 평소에 내가 혼자서 기도하러 자주 가던 곳이었다. 영성 수업 책임을 맡은 자매가 나를 인터뷰한 뒤 연결시켜주었다. 나는 그녀의 조언대로, 훈련된 천주교 평신도인 메그라는 여자를 우리 집 가까운 곳에서 만났다. 그녀는 비용을 정해두지는 않았지만, 대신 자기가 쓰고 있는 임대 공간에 헌금해줄 것과 그 외에도 내 마음에 원하는 대로 기부해줄 것을 부탁했다. 우리가 만난 교회는 그녀 앞으로 계좌를 열어두었다. 그녀는 누구한테서 얼마가 들어오는지 알지 못했다. 그것은 믿음의 문제였으나, 그래도 그녀는 얼마간의 재정 부담은 꼭 필요하다고 못박았다.

메그는 약속 시간에 딱 맞춰서 갑자기 나타나곤 했다. 촛불을 밝힐 성냥을 잊기 일쑤였다. 삶의 익살맞은 일들 앞에서 그녀는 즐겁고 호탕하게 웃을 줄 알았다. 나와 마찬가지로 그녀도 간혹 약속을 취소하거나 시간을 변경해야 할 때도 있었지만, 영혼의 지형에 대해서는 정말 훤했다. 그녀는 내게 들은 말을 도로 반사해주었고, 내 삶을 성경의 커다란 이야기와 연결시켜주었다. 그녀는 꿈의 탐색에 탁월했다. 내 눈에 눈물이 솟아나고 내가 아픔을 쏟아내려 할 때면, 그녀는 내게 말없이 앉아서 단순히 고통을 느끼게 해주었다.

그녀는 내 영의 보호자 역할을 해주었고, 나는 뒤죽박죽 혼란스러운 내 두려움 속에서 하나님을 경험하는 법을 배웠다. 정녕 하나님은 메그를 통해서 나를 치유하시며 내게 새롭게 말씀하기 시작하셨다. 우리는 "나에게 하나님은 누구인가"라는 생의 의문에 많이 집중했다. 내가 어려서부터 알았던 하나님은 엄청난 폭력 앞에서 더 이상 소용이 없어 보였다. 나는 내 하나님에 대한 시각을 넓혀야 했다. 옛 시각은 너무 좁았다.

이번에는 내 쪽에서 이사를 하는 바람에 우리의 관계를 끝내야 했다. 교외 지역 정반대편으로 이사를 온 뒤로 나는 메그를 얼마나 그리워했던가. 내 영혼은 하나님 안에서 안정되었지만, 영혼의 나라에서 함께한 길동무가 못내 그리웠다.

그 뒤로 어린 자녀들을 돌보는 세월이 길게 이어졌다. 나는 누구와도 꾸준히 만날 자유도 시간도 기력도 없었다. 나는 그 지역이 낯설었고 어디서부터 시작해야 할지도 몰랐다. 하루는 교회 친구인 게리와 대화하던 중에 그가 기도 그룹을 시작하고 싶다고 말했다. 우리는 여덟 명의 사람들을 생각해내서 그룹에 초대했다. 게리와 리자, 제프와 줄리, 존과 샐리, 그리고 마이클과 나는 매달 한 번씩 만나기로 했다. 나중에야 알았지만 그것이 그룹 영성 수업이 되었다.

우리는 찬송이나 성경말씀이나 영감 어린 독서로 마음을 연 다음, 한 사람씩 자신의 영혼을 나누었다. 반응하고 싶은 사람들은 반응을 보였다. 우리는 출산, 암, 부부간의 갈등, 졸업, 재정적인 기복 속을 서로 함께 걸었고, 저마다의 삶 속에 일하시는 성령의 역사를 목도했다. 세월이 흐르고 이사도 다녔지만 우리 그룹은 견고한 우정으로 굳어졌다. 우리는 더 이상 모두 지척에 살지는 않지만 정기적으로 다시 모여서 재미있는 시간도 보내고, 영적인 친구들 사이에 지속되는 진정한 즐거움도 누리고 있다.

최근에 나는 다시 정식으로 영성 수업을 받기 시작했다. 동부에 오래 살다 보니 이제 영적 자원들과 수련원들이 있는 곳들을 알게 되었다. 그 중 한 곳에 전화를 하여 감독교회Episcopalian의 한 자매와 연결되었다. 나는 수련원을 후원하는 헌금을 수표로 끊어서 작은 나무 상자에 넣었다. 이번에는 수업에 별로 격식이 없다.

인생의 시기가 바뀌면서, 이제 영성 수업에서 내게 필요한 것과 실제로 내가 지도자에게서 받는 것은 우리 둘의 관계라기보다는 각 만남 이전의 내 영적인 삶에 대한 반추가 더 많다. 만남 후에 나는 남아서 미로 정원을 걷곤 하는데, 걸으면서 내 신앙 여정이 어디까지 왔는지에 대하여 기도하곤 한다. 누군가 내 영적인 삶에 대하여 물어볼 것이고, 그저 의지의 차원에 남아서 안주하도록 나를 그냥 두지 않을 것을 알기에, 나는 점차 견고해진다. 그 은둔의 터로 차를 몰고 갈 때면, 이것이 영혼의 시간임을 내 존재의 모든 세포들이 아는 것 같다. 그 시간만큼은 아무것도 침입하지 못한다. 내 삶에 무슨 일이 벌어지고 있든 내 영혼은 안도의 한숨을 내쉰다.

지난 10여 년간 나는 영성 수업을 베푸는 쪽에도 많은 시간을 할애했다. 내게 그보다 더 큰 기쁨은 없다. 신학교를 마친 뒤로 나는 영성 수업 인증 프로그램에 입학했고, 하나님의 섭리이기라도 하듯 사람들이 나를 찾기 시작했다. 사역의 소명으로 고민하는 사람들이 대부분이었다.

영성 수업을 청하는 전화를 받을 때마다 나는 기대도 확인하고 사람도 알 겸 첫 만남을 약속한다. 찾아오는 모든 사람들에게 나는 그 문제로 최소한 일주일 동안 기도해보도록 한다. 그 사람과 함께 일을 진행해서는 안 된다고 분명히 느껴진 적도 몇 번 있었다. 한 주간의 기도를 통해서, 찾는 사람 쪽에서 다른 곳을 알아보게 되는 경우들도 있었다. 그런 경우에는 나는 축복 기도와 함께 다른 적임자에게 그 사람을 추천해 주었다.

하나님이 그분의 좋은 이유들로 인하여 확실히 연결시켜주실 때면, 우리는 몇 달 동안 꾸준히 만난 후에 다시 평가했다. 대개 나는 한두 사람과만 꾸준히 만났고 대부분의 관계는 2~3년 동안 지속된다. 대부분 한 달에 한두 번씩 내 사무실로 온다. 때로 이메일을 주고받기도 한다. 한 젊은 여자는 이메일을 통한 영성 수업을 부탁했고, 우리는 장거리 전화로 그것을 보충했다. 석 달에 한 번씩 멀리서 오는 사람도 있었는데, 중간 중간에 우리는 편지를 썼다. 방법은 달라도 초점은 생의 의문들 한복판에서 하나님의 활동을 찾는 것이다.

일기 쓰기, 성경 읽기, 공동체 안에서 하나님을 구하는 것, 봉사, 매일의 기도 등 영적 훈련들을 시행하는 것과 영적인 상호 책임을 받아들이는 것이 관계의 근간을 이룬다.

당신도 영성 지도자를 찾고 있는가? 그렇다면 기도로 시작하라. 그 다음으로 인근의 성직자들이나 종교 지도자들과 함께 대화해보라. 인근 수련원 명단과 지역별 영성 지도자 정보 마당을 국제 영성 수업 Spiritual Direction International(www.sdiworld.org)에서 온라인으로 알아볼 수 있다. 헨리 나우웬의 사역과 연계되어 있으면서 이메일과 전화를 통한 수업이 가능한 온라인 영성 지도자들이 헨리 나우웬 협회Henri Nouwen Society(www.henrinouwen.org)에 수록되어 있다.

하나님이 당신을 인도해주실 것을 신뢰하라. 결국, 인도와 진짜 지도는 하나님의 영께서 하시는 일이다. 영성 지도자는 단순히 그 과정에서 하나님의 친구이자 당신의 친구로 곁에 있는 것뿐이다.

레베카 레어드

| 후주 |

1. 다른 고전적 영성 훈련들도 나우웬의 세 가지 훈련에 포함된다. 그 중 일
   부로 빈곤 또는 단순성, 순결, 순종, 안정성, 금식, 묵상, 명상, 신성한 독
   서, 공동체, 봉사, 베풂, 여러 형태의 내면 기도 등이 있다. Richard
   Foster의 *Celebration of Discipline* (Harper & Row, 1978)을 참조하라. (『영적
   훈련과 성장』, 생명의말씀사)

2. 나우웬은 "마음"이라는 단어를 명상적 경청 기도와 적극적인 순종을 통
   한 우리와 하나님의 접점이라는 뜻으로 일관되게 사용했다.

3. 신성한 독서(lectio divina)에 관한 더 자세한 내용은 이 책 7장 "말씀을 어떻
   게 들을 것인가?"를 참조하라.

4. "Living the Questions: The Spirituality of the Religion Teacher" (*Union
   Seminary Quarterly Review*, 1976년 가을)에 인용된 말이다.

5. 마찬가지로 영성 지도의 일차 과제도 정보나 조언이나 심지어 지도를 베
   푸는 것이 아니라 사람들을 자신의 고민, 고통, 회의, 불안과 접촉하게 해
   주는 것이다. 한 마디로, 자신의 삶을 하나의 추구로 인정하게 해주는 것
   이다. Todd Brennan의 기사와 인터뷰 "A Visit with Henri Nouwen"
   (*The Critic 36*, no. 4, 1978년 여름: 42~49)을 참조하라.

6. Rainer Maria Rilke, *Letters to a Young Poet*, M. D. Herter 번역 (Norton,
   1954), pp. 46~47. (『젊은 시인에게 보내는 편지』, 범우사)

7. 같은 책, pp. 34~35.

8. 일기 쓰기에 대한 이 지침은 헨리가 예일과 하버드에서 영성 지도 및 개

발을 강의할 때에 제시한 것이다. 그의 *Genesee Diary* (1976)는 그가 영성 개발을 위하여 어떻게 일기를 썼는지 보여 주는 예다(『제네시 일기』, 바오로딸). 일기 쓰기에 대하여 그가 추천한 책으로 Ira Progoff, *At a Journal Workshop*과 Lyn Lifshin 편집, *Ariadne's Thread* 등이 있다. 전자는 일기를 쓰는 법과 일기를 정리하고 구성하는 법에 대한 것이고, 후자는 여자들의 일기를 발췌하여 모은 것인데 일기 쓰기의 의미와 방법에 대한 각자의 생각이 나온다.

9. 조각가와 사자에 대한 나우웬의 이야기는 Thomas Hora, *Existential Metapsychiatry* (Seabury Press, 1977)에서 영감을 얻은 것이다. 나우웬은 영성 훈련의 역할에 대한 예화로 "Spiritual Formation in Theological Education" (미간행 원고 시리즈, 1970–78)과 *Clowning in Rome* (1979)에 각각 그 이야기를 사용했다(『로마의 어릿광대』, 가톨릭대학교출판부).

10. 이 이야기를 나우웬은 "Generation Without Fathers," *Commonweal* 92 (1970년 6월): 287–94에 처음 인용했고, 나중에 *Reaching Out* (1975), p. 124에 다시 인용했다(『영적 발돋움』, 두란노).

11. Arthur LeClair, "The Beloved Prayer," *Sacred Journey* (1996년 12월): 21~23.

12. 라르슈 L'Arche는 프랑스어로 "노아의 방주"라는 뜻으로, 장애인과 봉사자와 의료진이 함께 사는 국제적 네트워크의 공동체 이름이다. 헨리는 1986년부터 1996년까지 캐나다 온타리오의 리치몬드 힐에 있는 라르슈 공동체인 데이브레이크에 살았고, 그가 애덤의 봉사자가 된 곳도 거기다. 그의 책 *Adam: God's Beloved* (1996)에 이야기 전부가 실려 있

다. (『아담: 하나님이 사랑하시는 자』, IVP)

13. "God's Story of Adam," *Adam: God's Beloved* (Orbis Books, 1996, 『아담: 하나님이 사랑하시는 자』)의 미간행 서문.

14. 헨리는 1996년 9월 21일에 격한 심장마비로 세상을 떠났다. 당시 그는 렘브란트의 그림 *Return of the Prodigal Son*(탕자의 귀향)에 대한 다큐멘터리 영화 제작 차 상트페테르부르크로 가던 길에 네덜란드를 방문 중이었다.

15. 톨스토이의 비유는 나우웬의 *The Road to Daybreak: A Spiritual Journey* (1988), p. 50에 인용되어 있다. (『새벽으로 가는 길』, 성바오로출판사)

16. R. M. French 번역, *The Way of a Pilgrim* (Seabury Press, 1965)을 참조하라. (『순례자의 길』, 은성)

17. Pierre Wolff, *May I Hate God?* (Paulist Press, 1979).

18. *Psalms: A New Translation: Singing Version,* Joseph Gelineau 번역 (Paulist Press, 1966). 이 역본의 장 수가 다름에 주의하라. 다른 역본들은 장 수가 하나 더 높다(예: 116편은 117편).

19. 같은 책.

20. *Buddhist Sutra*에서 각색한 것.

21. 시편 91편은 *Psalms: A New Translation: Singing Version*에서 인용한 것이다.

22. 저자 미상, *The Cloud of Unknowing.*

23. Dietrich Bonhoeffer, *Letters and Papers from Prison,* Eberhard Bethge 편집 (Macmillan, 1972), p. 360. 나우웬의 *The Living Reminder* (1977)에

인용되어 있다. (각각 『옥중서간』, 대한기독교서회, 『예수님을 생각나게 하는 사람』, 두란노)

24. "Be Still and Know"는 1979년 11월 7일 헨리가 예일대학교 신학부에서 강림절 묵상 시리즈의 일부로 발표한 것이다.

25. Yushi Nomura, *Desert Wisdom* (Doubleday, 1982), pp. 14,38~39. (『사막의 지혜』, 분도출판사)

26. Thomas Merton, *The Way of Chuang Tzu* (New Directions, 1965), p. 154. 헨리가 "Unceasing Prayer," *America* (1978년 7월)에 인용한 것이다.

27. 집중하는 기도의 이 연습 활동은 본래 나우웬이 집필한 것이든 아니면 다른 사람의 것을 전용한 것이든, 나우웬은 그것을 강의에도 사용했고 간행된 기사 "Centering Prayer" (Centering, 4(I), 1987)에도 소개했다.

28. 헨리가 여러 차례 말한 비유이지만 가장 최근에 등장한 곳은 *Finding My Way Home* (2001), p. 87이다. (『영성에의 길』, IVP)

29. 헨리가 산헤드린 논문에서 인용하여 *The Wounded Healer: Ministry in Contemporary Society* (1972), 4장에 실었던 내용이다. (『상처 입은 치유자』, 두란노)

30. 수업 시간에 긍휼의 뿌리를 설명하면서 헨리는 그의 조교 John Mogabgab가 성경을 연구한 "Compassion: Selected Biblical References"라는 제목의 유인물을 참조했다. 헨리의 책 *Compassion: A Reflection on the Christian Life* (1982)도 참조하라. (『긍휼』, IVP)

31. 1994년 로욜라 대학교에서 녹음된 "Our Story, Our Wisdom"의 녹취록에서 헨리가 이야기한 것을 각색한 것으로, *Our Greatest Gift* (1994,

『죽음, 가장 큰 선물』, 홍성사)에 다시 실렸다.

32. "To Supervising Ministers" (Berkeley Divinity School Center, 1977)를 참조 하라.

33. "Spiritual Direction" (*Reflection*, Yale Divinity School, 1981)을 참조하라. 헨 리는 Thomas Merton의 *Spiritual Direction and Meditation* (Liturgical Press, 1960)과 Kenneth Leech의 *Soul Friend* (Sheldon Press, 1977)를 추천했 고, 자기가 가르친 과목들의 필독 도서로 지정했다. (각각 『영적 지도와 묵 상』, 성바오로출판사, 『영혼의 친구』, 아침영성지도연구원)

34. *Making All Things New,* p. 69. (『모든 것을 새롭게』, 두란노)